商业布局

余襄子 著

上海社会科学院出版社
SHANGHAI ACADEMY OF SOCIAL SCIENCES PRESS

图书在版编目(CIP)数据

商业布局 / 余襄子著 . -- 上海：上海社会科学院出版社, 2024. -- ISBN 978-7-5520-4420-1

Ⅰ . F712.1

中国国家版本馆 CIP 数据核字第 20248JT083 号

商业布局

著　　者：余襄子
责任编辑：蔡倩妮
特邀策划：吕玉萍
封面设计：郭艳鹏
出版发行：上海社会科学院出版社
　　　　　上海顺昌路622号　邮编200025
　　　　　电话总机021-63315947　销售热线021-53063735
　　　　　https://cbs.sass.org.cn　E-mail: sassp@sassp.cn
照　　排：朱　泽
印　　刷：三河市龙大印装有限公司
开　　本：670毫米 × 960毫米　1/16
印　　张：14
字　　数：230千
版　　次：2024年7月第1版　2024年7月第1次印刷

ISBN 978-7-5520-4420-1/F・773　　　　　　　　　　　　定价：59.00元

质量热线：18801057799（冯老师）

版权所有　翻印必究

前 言

创业很容易，也很困难。

容易的是，现代社会为每个有梦想的人提供了更便捷的创业环境。如今，创业者可以通过简化注册流程，进而启动程序，迅速成立自己的企业。此外，互联网的发展也为创业者提供了更广阔的市场和更多的机会。只要你拥有合适的团队和足够的资金，就可以开始自己的创业之旅。

困难的是，创业不仅仅是一个将想法变成现实的过程，而且是一项复杂而艰巨的任务，需要创业者具备全方位的能力和知识。首先，创业者需要具备市场洞察力和商业敏锐度，能够准确判断市场需求和趋势。其次，创业者需要具备良好的团队管理能力，能够组建和管理高效的团队，追求共同的目标。最后，创业者还需要具备财务管理、营销策划、风险控制等多方面的知识和技能。

在创业的过程中，创业者还会面临各种困难和挑战。市场竞争激烈，资源有限，创业者需要找到自己的定位和优势。同时，创业者还需要面对各种不确定性和风险，因此，拥有足够的勇气和决心显得至关重要。不仅如此，他们还可能会遇到资金、人才招聘、法律法规等相关问题，这就需要他们具备解决这些问题的能力和智慧。

每一个准备创业或正在创业的人，都希望自己的企业能够做大做强，而后基业长青。

然而，理想很丰满，现实却很骨感。

相关数据显示，中国初创企业的存活率在前3年内约为30%，在前5年内约为20%，在前10年内约为10%。过去30多年来，中国初创企业（1~5年）的市场份额有缩小的趋势，超过5年的企业占据市场的2/3以上。民营企业平均寿命仅为3.7年，中小企业平均寿命只有2.5年。

如此看来，对于每一位创业者来说，这一局面似乎并不乐观。

如果我们只看结果，那么能够存活多年的企业的确不多。因此，可以说创业并非仅仅关乎结果，而是一个过程。

比失败更可怕的不是失败后的沮丧，而是失败后的遗憾与不甘心。

试问，又有多少人是创业一失败就退缩的呢？你会发现，更多的人是在屡战屡败、屡败屡战中逐渐寻找到成功的路径，吹响胜利的号角。

现实中有一部分人，虽然他们很想创业，但不知道创业创的是什么。虽然他们有理想，但却缺乏勇气和实践；虽然他们有目标，但手里却缺少一把破除创业障碍的锤子。

这本《商业布局》，希望能充当你手中的那把"锤子"。

目 录

第一章 谋定后动

创业，你想好了吗 …………………………………… 2

你考虑周全了吗 …………………………………… 7

你可以承担多少风险 ……………………………… 11

领导力是什么 ……………………………………… 16

把自己当作方法 …………………………………… 21

第二章 抱团合伙

寻找你的"黄金搭档" ……………………………… 26

有"备胎"，不可耻 ………………………………… 31

别让"梭哈"束缚住了你 …………………………… 37

先"小人"，后君子 ………………………………… 42

第三章 要做什么

赢在起跑线上 …… 48

不要瞎凑热闹 …… 53

小步快跑，快速迭代 …… 57

内卷的本质是什么 …… 62

第四章 创造价值

核心竞争力是你的独门秘籍 …… 70

寻寻觅觅，机会总会有的 …… 74

再持久一点 …… 78

为"社会火箭"助燃 …… 84

第五章 洞察人性

我们天生就会规避风险 …… 90

我们天生就有点"惰" …… 94

我们要简化购物流程 …… 99

我们都需要社交 …… 103

第六章　顺应人性

人的需求就像是攀登山峰 …………………………………… 110

丢失与得到，并不等价 …………………………………………… 114

促使人们购买的因素中，感性驱动起到了重要作用 ………… 119

在买与不买之间，只等一个理由 ………………………………… 122

适可而止的低价策略 ……………………………………………… 125

不引导顾客，顾客就会流失 ……………………………………… 129

第七章　管理团队

找寻世界上最稀有的宝藏 ………………………………………… 134

职责不明确，团队如散沙 ………………………………………… 139

刘禅的放权——知人善用、信任他人的智慧 ………………… 143

别让一颗老鼠屎，坏了一锅粥 …………………………………… 147

别让形式主义拖垮自己 …………………………………………… 151

第八章　流量为王

流量究竟是什么 …………………………………………………… 158

流量与成本间的"相爱相杀" …………………………… 161

别让流量沉默 …………………………………………… 167

"抢"流量的本质是什么 ………………………………… 170

第九章　引入机制

团队不是不行，而是欠"激" …………………………… 176

不守规矩，就要被扣分 …………………………………… 181

薪资在哪，心就跟到哪 …………………………………… 185

不要只顾自家田，也要看看邻家菜 ……………………… 189

将自己打造成品牌 ………………………………………… 192

第十章　不败心态

乐观还是悲观 ……………………………………………… 198

出路在哪里 ………………………………………………… 202

拥抱未来，接受改变 ……………………………………… 206

跟随趋势 …………………………………………………… 209

致全体心怀梦想的创业者 ………………………………… 213

第一章

谋定后动

创业，你想好了吗

随着国民经济的持续增长和时代的不断进步，企业家的身份逐渐成为许多人追求的目标。自改革开放以来，越来越多的人选择走上创业之路，试图找到一条属于自己的成功之路。

可是，创业并非易事，它充满了风险和挑战。有时，创业者可能与合作伙伴共同欢庆企业短期内取得的成功，但也可能在几天之后，由于外部因素如市场的剧烈波动，或者内部因素如公司管理不善，企业可能会迅速陷入巨大的危机之中，甚至随时都有面临破产清算的风险。

在决定投身创业这条道路之前，你是否曾经深入地思考过一个问题：我为什么要选择创业？这个问题的答案可能因人而异，因为每个人的动机和目标是不同的。

有些人可能是因为他们具有较高的风险承受能力，喜欢挑战，享受冒险，擅长在风险中寻找机会。对于他们来说，创业就像是一场充满刺激的游戏，使他们能够充分地发挥自己的能力和才智，享受那种在风险和机遇间穿梭的快感。

有些人可能是因为他们极度渴望财富自由，他们不想被朝九晚五的工作束缚，更不想每天都被困在办公室里，他们希望有更多的时间和自由去做自己喜欢的事情，所以，对于他们来说，创业就是实现财富自由的一种方式，他们希望通过自己的努力和智慧，创造出属于自己的财富和事业。

还有些人可能是因为他们心中怀揣着一张宏伟的蓝图，有一个改变世界的梦想，希望能够通过自己的努力去实现这个梦想。对于他们来说，创业就是实现这一梦想的一种途径，他们希望通过自己的努力和坚持，让这个世界因为他们的贡献而变得更加美好。

然而，在现实中，很多人都没有把这个问题想清楚。如果你问他们："你为什么要创业？"他们可能会给你一些冠冕堂皇的理由，但这些理由往往缺乏深度，甚至可能连他们自己都不相信。

尽管他们已经筹备了充足的资金，并且在创业之前进行了详尽的市场调研，并且撰写了一份充满雄心壮志的商业计划书。但如果他们没有一颗坚定不移的心，没有明确理解"自己为什么要去创业"这个根本问题，那么在将来的创业道路上，他们肯定会遇到许多困难和挑战。当这些困难出现时，他们很可能会感到束手无策。

因此，在创业开始之前，你必须清晰地理解这个问题，明确自己的目标，并坚定自己的决心。

第一章　谋定后动

创业之前，先想清楚你的：

目标 + 决心

对于一名创业者来说，无论你是摆地摊，还是开一家饭馆，或者是成立一家属于自己的公司，你都需要具备以下一些关键的能力。

第一，你需要拥有创新思维。这就意味着你要能够敏锐地发现市场的机会和潜在的需求，并提出一份有效的解决方案。创新思维能够帮助你在竞争激烈的市场中脱颖而出，并为顾客提供匹配的价值。

第二，你需要具备领导能力。这就意味着你要能够激励和管理团队，推动公司的发展。即使你是一个人创业，你也要学会如何领导自己。领导能力包括有效地分配资源、制定目标和策略，并能够激发团队成员的潜力，引领他们为实现共同目标而努力。

第三，你需要具备超乎常人的风险承受能力。面对创业过程中遇到的风险和不确定性，成功的创业者往往能够承受风险并做出明智的决策。因为他们能够看到风险背后的机会，并愿意承担一定的风险来实现自己的梦想。

第四，作为一名创业者，你还需要具备不断学习和适应变化的能力。市场和技术的变化日新月异，只有不断学习和提升自己的知识和技能,才能够保持竞争力。创业者要保持开放的心态,积极学习新知识,提升自己的专业能力和领导力。

第五,良好的沟通能力也是创业者必备的能力之一。创业者需要与合作伙伴、投资人和客户建立良好的人际关系。通过有效的沟通,创业者能够更好地理解他人的需求和期望,并能够清晰地传达自己的想法和计划。

第六,创业者还需要具备责任心。他们需要承担起自己的角色和责任,并做出明智的决策。同时,他们也要对自己的行为负责,对团队和投资者负责,并始终以诚信和透明的态度对待合作伙伴和客户。

第七,创业者需要展现战略灵活性和应变能力。在不断变化的市场和竞争环境中,成功的创业者不仅能够识别和利用这些变化带来的机遇,还能迅速调整自己的业务战略和运营策略,以确保企业能够持续保持竞争优势。

特别需要强调的是,即使你具备了上述的所有能力且出类拔萃,若缺少了激情与坚韧,便如同无魂之躯,难以在创业道路上走得更远。

强烈的动机也是成功的创业者常见的特点之一。他们对自己的事业充满热情,对所追求的目标有强烈的动力。这种激情和动机不仅能够激励他们克服困难、面对挑战,并持续推动他们不断前进,还能够激发团队成员的积极性和参与度,共同追求事业的成功。强烈的动机也会促使创业者始终保持对目标的追求和执着。他们清楚地知道自己想要实现什么，并且为此付出不懈的努力。这种动机不仅驱动他们追求个人的成功，更是为了实现自己的梦想和价值。创业者们深知成功并非一蹴而就，而是需要经历各种挫折和困难。但他们向往成功的动机促使他们能够坚持不懈地追求目标，并不断地超越自我。

激情和动机还能够激发团队成员的积极性和参与度。创业者的热情和动力会感染团队中的每一个人，使他们对事业充满热情和动力。团队成员们感受到这种积极的氛围后，也会更加主动地投入工作中，携手共同追求事业的成功。

坚韧是创业路上的另一项必备品质，它能够让创业者在逆境中保持冷静和坚定。创业过程中充满了各种风险，只有那些坚韧不拔的人才能够经受住考验，并不断调整策略，寻找新的机会。坚韧的品质能够让你在失败中汲取教训，不断成长和进步。

有时候，你可以试着问问自己：为什么要创业？如果你在听到这个问题时内心毫无波澜，那就意味着你并不是一名合格的创业者，但是，如果当你想起这个问题的时候，内心燃起了一股火焰，有一种"不破楼兰终不还"的信念，那么你一定会成为一名合格的创业者。在创业这条路上，就算困难重重，你也能过关斩将，实现自己的抱负。

你考虑周全了吗

在创业之前，你可能考虑过很多，比如资金的准备、市场的调研、决心的确立等，但仅有这些还是远远不够的。

第一，你需要评估自身的能力和资源。创业需要具备一定的技能和知识，同时也需要一定的资源支持。创业之前，你要诚实地评估一下自己的能力和经验，确定自己是否具备创业所需的技能和知识。此外，你还需要考虑你的资金、人脉和时间等资源是否足够支持你的创业计划。

第二，你需要制订详细的商业计划。商业计划是一个全面系统的规划文件，包括市场分析、产品或服务描述、营销策略、财务预测等内容。通过制订商业计划，你可以更好地理解你的商业模式和运营方式，并为投资者和合作伙伴提供清晰的信息。

第三，你还需要建立一个强大的支持网络。创业是一条孤独且具有挑战性的道路，你需要寻找志同道合的人和专业人士来支持和指导你，其中包括导师、行业专家、创业社群等。他们可以为你提供宝贵的建议和经验，帮助你克服困难并最终取得成功。

考虑了以上这些，就够了吗？其实还不够。

试着去想象一下，在决定创业之前，你可能只是一名普通的上班族，每天按部就班地完成工作，或者只是一位对创业充满憧憬的学生，怀揣着对未来的无限期待。可是，你一旦选择了创业，之前那种规律的生活节奏很可能会被彻底打乱。

此时的你，可能已经设想过创业会非常艰苦，但这些仅仅是你大胆的想象或合理的推测。对于一件事情，只有你亲身经历过，你才会有真切的感受。在此之前，无论是听别人讲述创业故事，还是观看别人创业的过程，你得到的仅仅是一些表面上的内容，这些内容往往难以真正揭示创业过程中的艰辛和挑战。

> 你得为你的事业负全部的责任

当你决定投身创业这条道路时，你将会从一个普通的职员转变为自己事业的掌舵人。这意味着无论成功还是失败，你都要承担起所有的责任和后果。在这个过程中，你不能再找借口推卸责任，而是要对自己的每一个决策和行为负责。

在过去的日子里，你可能习惯于在床上多睡一会儿，然后在最后一刻匆忙赶往公司。下班回家后，虽然也会处理一些公司事务，但大多数时候可能都是做到一种差不多的程度。对于细节问题，你会告诉自己："明天再继续吧，因为还没到截止日期。"当工作中出现了差错时，你也可能会找好借口，如"这并不是我的责任，至少不完全是我的问题"。

当你开始创业后，这一切都将发生改变。如果公司出现了问题，没有人可以为你托底，你必须依靠自己的力量去解决问题。有时候，当别人都已经进入梦乡，你可能还在电脑前思考着如何将后两天的策划案付诸实践；当别人在外面享受阳光、沙滩和大海时，你却可能要专注于公司账目上的数字，为下一笔投资的到来而发愁。

创业意味着你将不再有"明天再继续"的余地。你需要时刻保持警惕，对待每一个细节都要严谨认真。创业者需要更加高效地管理时间，不能再掐着点做事或拖延处理问题。你可能需要牺牲一些休息时间，比如早起晚睡，以确保工作得以顺利进行。

在创业过程中，细节决定成败。你不能将细节放到明天去处理，而是要及时关注和解决问题，确保每个环节都能够得到妥善的处理。这就意味着你需要更加细致地审查和监控公司的各个方面，以避免潜在的问题和风险。

作为创业者，你需要对自己的行为负责。无论是工作中的差错还是出现棘手的问题，你不能再找借口推卸责任，而是要勇于承认错误并积极解决问题。你是公司的主人，一切后果都将由你来承担！

创业者常常面临着巨大的压力和不确定性。在夜深人静时，你可能需要思考业务策略，担心资金状况，甚至可能需要牺牲个人生活的一部分来应对各种挑战。这些都需要你具备良好的心态和适应变化的能力。

再举一个例子，你可能会觉得创业就意味着可以拥有更多的自由，但这种想法很可能只是一种美好的幻想。实际上，当你决定创业之后，你会发现你的时间并不完全属于你。在很多情况下，你对时间的掌控感甚至可能不如你在其他公司工作时那样明确和稳定。

很多人都以为创业就意味着实现了财富自由，但遗憾的是，在创业与财富自由之间，还有一段充满曲折的过程。不过，一旦你决定了要创业，这些努力都会变得值得。因为无论是财富还是生命，真正重要的是那种不断追求和体验的过程。

人因为体验而变得伟大，生命因体验而变得丰富。

创业亦是修行，在这条道路上，如果你已经想好，考虑也比较周全，即使这意味着不如以前自由，也甘愿接受，那就着手开始做吧！

创业亦是束缚，但这种束缚不是被动的囚禁，而是我们主动的选择。在经历这种束缚之后，我们才能迎来真正意义上的自由。你可以在创业的路上如蝴蝶般在满是荆棘的花丛中翩翩起舞，也可以在浑身镣铐的状态下持续前进。

你选择什么，你也将会成为什么。

但是千万要记得，在创业之前，要考虑周全，切不可盲目跟风。

你可以承担多少风险

无论如何，我们都不能忘记，创业本身就是一件高风险的事。

创业者面临的第一个风险是资金风险。

在创业的初期，资金问题无疑是需要我们重点关注的一个因素。为了能够顺利启动并运营业务，你需要投入一定的资金。这些资金将用于各个方面，包括但不限于租赁办公空间、购买必要的设备和工具、支付员工工资等。

租赁办公空间是创业初期的一项重要开支。一个合适的办公环境，不仅可以为你的员工提供一个舒适的工作环境，还可以提升公司整体的形象。

购买设备和工具也是创业初期的一项重要支出。这些设备和工具可能包括电脑、打印机、办公家具等。你需要根据自己业务的性质和规模，来确定需要购买的设备和工具的种类和数量。

此外，支付员工工资也是创业初期的一项重要开支。你需要根据你的业务规模和预期收益，来设定合理的员工工资水平，同时你也需要考虑员工福利和激励机制，以吸引并留住优秀的员工。

在投入资金的同时，你还需要对自己的财务状况进行评估。你需要清楚地了解自己的现金流状况，以确保你有足够的资金来应对各种突发情况。同时，你也需要评估自己的风险承受能力，明确自己可以承受的资金风险范围。只有这样，你才能在保证业务正常运营的同时，有效地管理和控制风险。

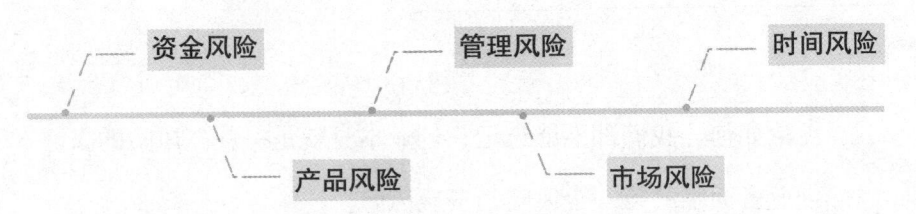

```
    资金风险          管理风险          时间风险
─────┬──────────┬──────────┬──────────┬──────────┬─────
           产品风险          市场风险
```

创业者面临的第二个风险是产品风险。在创业初期，这是创业者需要重点关注和应对的风险。确保产品或服务能够满足市场需求并具备足够的竞争力是创业成功的关键。

你需要深入了解目标客户的需求和偏好，以及评估市场的规模和增长潜力。通过市场调研，你可以获取有关市场趋势、竞争对手和潜在机会的重要信息。这些信息将帮助你更准确地确定产品定位以及市场定位，以便更好地满足客户需求并及时抓住市场机遇。

了解竞争对手的情况也是至关重要的。你需要研究竞争对手的产品或服务特点、定价策略、市场份额等信息。这将帮助你评估自己的竞争优势和差距，并制定相应的竞争策略。

在产品开发的过程中，你可以通过测试市场反馈和进行小规模试点来减少产品风险。这就意味着在正式推出产品之前，你可以选择一小部分目标客户进行试用或测试。通过收集他们的反馈意见，你可以及时调整和改进产品，以确保它能够满足市场需求。

此外，建立良好的客户关系和塑造积极的品牌形象也是减少产品风险的重要因素。通过提供优质的客户服务和建立良好的口碑，可以增加客户的忠诚度和信任度，从而提高产品的市场接受度和竞争力。

创业者面临的第三个风险是管理风险。

一是建立高效的组织结构和管理团队至关重要。它可以确保各个部门和员工之间的协调和合作，提高工作效率和执行力。在这个过程中，你需要明确划分各个部门的职责和权限，有助于避免工作重叠和冲突，提高工作效率。同时，你还需要建立良好的沟通渠道和协作机制，以促进团队成员之间的信息共享和合作。

二是招聘合适的人才是管理风险的重要一环。你需要寻找能够适应创业环境并能为公司的发展做出贡献的具有相关经验和技能的人才。此外，持续培训和发展员工的能力同样重要，这可以提高他们的专业素养和团队合作能力。

三是制定明确的目标和策略，进行有效的执行和监控，这是管理风险的核心。你需要明确公司的长期目标和短期目标，并制定相应的策略和计划来实现这些目标。同时，你还需要建立有效的绩效评估和监控机制，以便及时发现问题并采取相应的措施进行调整和改进。

四是建立良好的企业文化和价值观是管理风险的重要因素。通过树立正确的价值观和行为准则，可以提高员工的归属感和忠诚度，减少内部纠纷和不稳定因素，为公司的稳健发展奠定坚实基础。

第四个风险是市场风险。

评估市场的竞争程度、市场规模和增长潜力，以及预测市场变化的可能性是非常重要的。

一是你需要进行市场调研和分析，了解目标市场的需求和趋势。通过问卷调查、访谈、观察等方式收集客户反馈，了解他们的需求、偏好和购买行为。同时，还可以通过分析行业报告、市场数据和竞争对手的情况，了解市场的竞争程度和趋势。

二是你需要评估市场的规模和增长潜力。通过市场调研和数据分析，掌握目标市场的规模和增长率。这可以帮助你发现市场的潜在机会和发展空间，以及预测未来的市场变化趋势。

三是你还需要考虑市场变化的可能性。市场是一个动态的环境，可能随时发生变化。因此，你需要关注市场变化的因素，如技术进步、法律法规变化、消费者行为变化等。通过持续的市场监测和分析，及时调整和优化你的产品或服务，以适应市场的变化。

基于市场调研和分析的结果，你可以确定目标市场的需求和趋势，并制定相应的营销策略和产品优化方案。同时，建立灵活的运营模式和供应链管理体系，以便快速响应市场变化。

第五个风险是时间风险。

在创业初期，特别是在项目启动和发展阶段，创业者通常需要投入大量的时间。这个时候，需要注意平衡自己的生活和工作。

创业是一个极具挑战性和压力的过程，需要付出巨大的努力。你需要考虑自己是否有足够的时间和精力来应对这些挑战，并做好充分的心理准备。

创业者不仅要专注于事业的发展，还要关注个人生活和家庭的平衡。你可以事先与家人沟通好，共同制定合理的时间安排和家庭支持计划，以确保家庭生活的稳定和谐。

制订明确的工作计划和优先事项，合理分配时间和资源。同时，也要留出时间来休息和放松，以保持身心健康。定期锻炼、培养兴趣爱好、与朋友交流等都是维持工作和生活平衡的好方法。

当然，建立良好的工作习惯和时间管理技巧也是非常重要的。学会高效工作、合理设置目标和安排任务，可以帮助你更好地管理时间，提高做事效率。然而，风险可以评估和管理，却无法消除。就算你已经考虑到了所有的情形，并提前做了相应的准备，风险还是无法避免，因为它本身就具有不可预测性。

因此，你还需要在心理上做好准备，接受可能的失败。创业是一场持久战，它并不是一蹴而就的。在这个过程中，你可能会遇到各种困难和挫折，甚至还有可能面临失败。但只要你能够勇敢地面对失败，从失败中吸取教训，你就能逐渐成长，走向成功。

领导力是什么

对于一名创业者来说,领导力无疑是一项很重要的技能。

简单来讲,领导力是指领导者所展现的能力和潜力的统称。它表现为一种凝聚团队、推动事业发展的能力,能够激发他人的热情和动力,使他们愿意跟随并积极地参与工作。领导力包括多个方面的能力和素质,比如有明确的愿景和目标、良好的沟通能力、卓越的团队建设能力、果断的决策能力以及强大的自我管理能力等。

领导力的核心是能够影响和引导他人,使整个团队或组织能够高效地达成共同的目标。因此,从本质上来说,领导力就是一种影响力。

有些创业公司在初创期就因领导力不足而遭遇失败。

比如,有一家专注于移动应用开发的初创公司,由一群充满激情和创新精神的年轻人创立。尽管他们的技术团队非常出色,但他们的领导者缺乏必要的领导能力。他们无法有效地管理团队,难以制定出明确的战略方向,也未能成功激发团队成员的积极性和创造力。结果,公司的发展停滞不前,最终导致了公司的破产。

比如，有一家专注于环保科技的初创公司，他们的产品是一款可以帮助用户减少碳排放的应用。然而，他们的领导者在管理公司的过程中，忽视了与团队成员的有效沟通，也未能建立起一个积极的工作环境。这就导致员工的满意度下降，优秀员工开始陆续离职，最终导致公司不可避免地陷入困境。

又比如，有一家专注于人工智能技术的初创公司，他们的领导者虽然有着丰富的行业经验，但他们在领导公司的过程中，过于依赖自己的经验，忽视了市场的变化和团队成员的建议。这就导致他们的产品无法满足市场的需求，公司的业务开始下滑，最终让公司走向倒闭。

以上这些例子都充分说明了领导力在创业公司发展中的重要性。如果领导者缺乏必要的领导能力，那么无论公司的业务前景如何看好，都可能会遭遇失败。

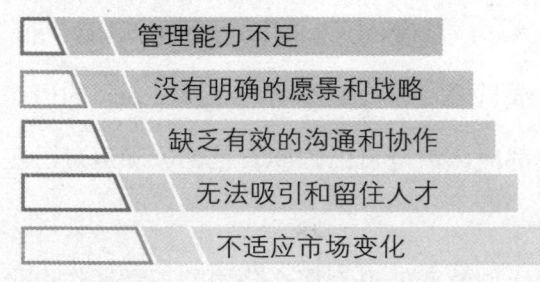

领导力缺乏的主要表现：
- 管理能力不足
- 没有明确的愿景和战略
- 缺乏有效的沟通和协作
- 无法吸引和留住人才
- 不适应市场变化

有些领导者无法为公司确定明确的发展方向和目标。这种情况的出现，会直接影响到公司的战略规划。没有明确的发展方向和目标，公司就像一艘没有舵手的船，无法有效地进行长远规划和布局。这不仅会导致公司在市场竞争中迷失方向，也可能使公司在面临重大决策时犹豫不决，从而错失发展良机。

如果领导者缺乏明确的战略思维和规划能力，就会对公司的内部管理产生负面影响。这会导致团队的工作缺乏整体性和连贯性，各个部门各自为战，缺乏有效的协调和配合。在这种情况下，团队的工作效率和成果都会大打折扣。

在组织管理方面，领导力的不足也可能会引发一系列问题，这些问题可能会导致公司内部的混乱和无序。如果缺乏有效的组织架构，那么公司的运作就会变得混乱不堪。当组织结构不明确时，员工可能会对自己的职责感到困惑，也不清楚应该向谁汇报工作，这无疑会大大降低工作效率。

如果缺乏有效的工作流程，那么公司的正常运作也会受到影响。流程是公司正常运作的重要组成部分，它规定了工作的具体步骤和顺序，如果没有有效的流程，那么员工可能会在工作中迷失方向，不知道下一步应该做什么，这也会导致工作效率低下。

如果团队成员的工作分工不明确，那么公司的运作也会受到影响。每个成员都应该清楚自己的职责范围，知道自己应该做什么，不应该做什么。

如果沟通协作效率低下，那么公司的正常运作也会受到影响。沟通是公司正常运作的重要环节，它能够确保信息的准确传递，进而提高工作效率。

此外，领导力不足还会对团队成员产生深远的影响。如果领导者无法提供明确的方向和目标，团队成员可能会感到迷茫和困惑，从而缺乏前进的动力。他们可能会对公司的未来感到不确定，这可能会导致他们的工作效率下降，甚至可能影响他们的工作满意度。

如果领导者无法有效地激励团队成员，团队成员的工作积极性可能会受到打击。激励机制是激发员工积极性的重要手段，如果缺乏有效的激励机制，员工可能会觉得他们的努力没有得到应有的回报，从而丧失工作热情。

如果领导者无法提供有效的引导，团队成员可能会缺乏创造力。在面对问题时会犹豫不决，有一种无力感，这些都将影响到他们的创新思维和解决问题的能力的发挥。

领导力若是不足，除了会产生以上几个弊端，还有一个最为严重的问题就是优秀人才的流失和招聘困难。当一个组织的领导者无法有效地管理和激励员工时，这可能会导致员工的满意度下降，从而选择离开这个组织。这种情况在优秀人才中尤为明显，因为他们通常拥有更多的职业选择机会，而且他们也更看重工作环境和发展前景。

此外，如果领导者缺乏有效的人才管理和发展计划，那么也会对公司的长期发展不利。人才是公司最宝贵的资源，没有优秀的人才，公司就无法实现持续的发展。如果领导者无法制定出有效的人才管理和发展计划，那么公司就无法吸引和留住关键人才。这不仅会影响公司的业务运营，还会损害公司的品牌形象。

由于领导力不足，以下两点可能导致公司在竞争中失去机会。

首先，领导力不足会对决策力造成影响，决策是公司运营的核心，一项错误的决策可能会使公司陷入困境，甚至可能导致公司破产。比如，领导者没有充分理解市场的需求和趋势，他们可能会做出错误的产品决策，从而导致产品的失败。又如，领导者没有充分考虑公司的财务状况，可能会做出过度扩张的决策，导致公司发生财务危机。

其次，领导者在风险管理方面的不足，可能会导致公司处理风险的能力不足。在商业环境中，风险无处不在，包括市场风险、财务风险、运营风险等。如果领导者没有制定有效的风险管理策略，那么当风险来临时，公司可能无法做出有效的应对，从而造成重大损失。

当竞争对手做出正确的决策并有效地管理风险时，他们可能会占据更大的市场份额，而自己的公司则可能会被边缘化。此外，错误的决策和风险管理的不足，都可能会让公司面临更大的风险。这些风险可能会使公司的运营更加困难，甚至导致公司破产。

基于以上几点，在创业之前，你是否要评估一下自己的领导力呢？

如果现在的你有了创业的想法，是否应该先锻炼下自己的领导力呢？

把自己当作方法

或许你曾经阅读过许多关于成功学的书籍，也听过很多关于成功学的讲座。在接触和学习这些内容时，你可能满怀激情和斗志，仿佛自己手握通往成功的钥匙。但遗憾的是，这种热情往往只持续了两三天，之后你就可能将其忘得一干二净，让你感觉仿佛一切只是徒劳。

很多人认为成功学只是一种忽悠人的东西，因此对这些内容大都只是匆匆浏览一遍就抛诸脑后。但问题的根源并非完全在于成功学的内容本身。这就好比你一直在观看他人的人生，学习他人的经验，却从未真正将自己融入其中。由于缺乏自身的参与感，许多事物在你眼中变得枯燥乏味。尽管初次接触时你或许感到振奋，但事后来看，这纯粹只是一场自我感动式的表演。

你需要把自己当作实践成功学的方法。

你不能仅仅满足于做一个普通的观光游客，简单地浏览一下风景就匆匆而过，而没有深入地思考和学习。你应该以一种更积极、主动的态度去"旅行"，带着你在创业过程中遇到的问题去寻找答案。

你可以将这些问题与历史上或当代其他人的经历进行比较，看看他们是如何解决这类问题的，并分析他们的方法有哪些优点和缺点。通过这种方式，你可以从他们的经验和教训中学习，找出适合自己的解决方案。

同时，你需要根据以上的分析和研究，制定一个适合自己的创业方案。这个方案应该基于你的个人情况和市场需求，同时也要考虑到环境、时代等因素。

如果你没有将自己当作方法，很可能就会闹出"东施效颦"的笑话。

比如，有一家新创企业看到某个行业的一家成功企业采用了某种特定的营销策略，他们可能会盲目地模仿这个策略，而不考虑自己的产品特点和目标受众。结果可能是：他们的营销策略并不适用于自己的产品，导致市场反响不佳，甚至以失败告终。

这样的例子在商业世界中比比皆是。

2014年，某公司决定进军电商领域，选择与电商头部企业合作，并投资200亿元。但他们在电商领域缺乏经验，并没有充分了解市场需求和竞争环境。他们的电商平台没有吸引足够的用户，也没有达到预期的销售额，最终导致合作伙伴撤资，整个项目以失败告终。

再比如，有一家专注于短视频内容的创业公司，他们试图通过提供高质量的短视频内容来吸引用户。可是，他们没有充分考虑到用户已经有了其他短视频平台的选择。此外，该公司还采用了一种独特的商业模式，每集视频虽然都能在短时间内播放完毕，但用户需要支付订阅费用。遗憾的是，这种商业模式在市场上并没有得到广泛认可。在2020年推出后不久，该公司就宣布关闭。他们没有吸引足够的用户，也没有持续的收入，这表明，即使有好的内容和资金支持，也需要深入了解用户需求和市场竞争，以制定出更符合用户喜好和市场需求的商业策略。

在2016年至2017年期间，共享单车行业在中国迅速崛起。该行业的某些企业的成功吸引了大量的用户和投资。随着其他企业纷纷涌入市场，希望复制这种成功模式，共享单车行业的竞争日益激烈。但许多新进企业在进入市场时并没有充分考虑自身的实际情况和市场需求，而是盲目模仿已经成功的企业，缺乏独特竞争优势。最终，在争夺用户和市场份额的激烈竞争中，许多共享单车企业因管理不善、资金链断裂等问题而倒闭。因此，盲目模仿成功人士，并简单地将他人的成功经验套用到自己身上，大多数情况下都是会出问题的。

第二章
抱团合伙

寻找你的"黄金搭档"

在当今社会,很多创业者在初期都会寻找合伙人。

合伙人是指在创业或经营过程中,与他人共同投资、共同承担风险、共同管理和分享利润的人。

合伙人可以是个人或企业,他们通过签订合伙协议来明确各自的权利和义务。合伙人之间通常有共同的目标和利益,共同努力,共同承担责任,共同分享经营成果。

合伙人之间的关系建立在信任、合作和共识的基础上,他们共同决策并参与企业的日常经营管理。合伙人的角色和责任可以根据合伙协议的约定而有所不同,但通常包括投资资金、提供专业知识和技能、参与决策、分担风险和分享利润等。

合伙人之间的合作关系对于创业项目的成功至关重要,因此,选择合适的合伙人是创业过程中的重要决策之一。

那么问题来了,该如何选择靠谱且有能力的合伙人呢?

其中最重要的一点,就是创始人之间要有共同的价值观和目标,这样可以确保在关键决策和发展方向上达成一致。如果合伙人对公司的使命和愿景有共同的理解，那么他们在困难时期更有可能保持团结，共同努力实现目标。此外，共同的价值观和目标还可以帮助建立团队文化和价值观，促进合作和协作。因此，在选择合伙人时，要确保他们在这些方面与你有共同的理念和追求。

我们都知道，人与人之间即使有很高的相似性，也会有出现分歧的时候，尤其是在一些重大的决策上。要找到一个完全听从自己的合伙人显然不可能，也不利于创业。因此，在合伙人之间，有分歧并不可怕，关键是要找到那些愿意倾听和尊重他人观点的合伙人。固执己见且不愿接受其他意见的合伙人，可能对创业不利。相反，拥有开放心态、愿意倾听和讨论不同观点的合伙人，在决策时往往更加明智。

在处理分歧时，可以采取一些方法来促进有效的讨论和决策。比如，可以通过数据和事实来支持自己的观点，进行透明沟通，积极寻求共识，并尽量避免情绪化的争论。同时，建立一个开放且充满信任的沟通氛围也非常重要，因为这样可以让每个人都感到安全和被尊重，从而更容易达成共识。

选择一个与你不同但具有互补性的合伙人，是一个非常明智的决策。这样的合伙人可以为团队带来不同的视角和专业知识，可以增强团队的综合能力。当合伙人之间具备不同的技能和经验时，就可以更好地分工合作，各自发挥所长。这样做不仅能提升团队的效率和创造力，还能使团队更好地应对各种问题和挑战。

通过与具备不同技能和经验的合伙人合作，你可以获得更全面的视角和更丰富的专业知识。每个人都有自己的专长和擅长领域，他们的加入可以为团队带来新的想法和解决问题的方法。这种多元化的组合可以帮助团队在面对复杂问题时找到更好的解决方案。

合伙人之间技能的互补性还可以提高工作效率。每个人都可以专注于自己擅长的领域，而不必花费过多的时间和精力去学习其他领域的知识。这样一来，团队成员就可以更加高效地完成各自的任务，从而提高整个团队的工作效率。

合伙人之间不同的视角也可以激发团队创造力。每个人都有自己独特的思维方式和观点，他们的参与可以促进团队成员之间的思想碰撞，激发创新思维。这种多元化的思维方式可以帮助团队在面对新的挑战时提出更具创意的解决方案。

要找哪些互补的合伙人？

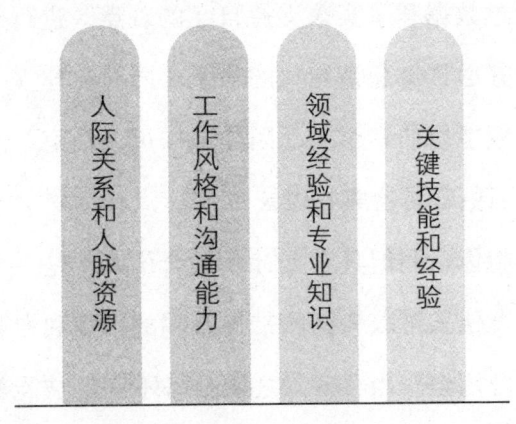

- 人际关系和人脉资源
- 工作风格和沟通能力
- 领域经验和专业知识
- 关键技能和经验

1. 明确团队所缺乏的关键技能和经验，以便及时弥补不足。

2. 寻找具备相关领域经验和专业知识的人才，可以从他们丰富的经验中获益。

3. 评估候选合伙人的工作风格和沟通能力，确保能够良好合作。

4. 考量合伙人的人际关系和人脉资源，这对创业中的合作和持续发展尤为关键。

有些人可能会认为，只要合伙人愿意出资，就算是一个可行的选择。实际上，这样的组合有不小的潜在风险。

举个例子。有一位张先生，他是一名经验丰富的商人，在选择合伙人时，他选择了一位"财大气粗"的亲戚，合伙创办了一家加工型外贸企业。虽然这位亲戚对商业运作和相关知识的了解甚少，但出资较多，而张先生仅占据了35%的股份，却要承担大部分的经营和管理责任。这种不平衡的合伙关系可能会导致决策困难、资源分配不当以及经营管理的低效。因此，在选择合伙人时，还需要重视合伙人的商业知识、经验和参与度，以确保合作关系的平衡，为创业初期奠定成功的基础。

责任感与可靠性当然也是选择合伙人的一个重要标准，但更好的选择是找到那些与之有共同愿景的合伙人。你应该寻找那些对公司的未来发展充满热情和激情的人。他们不仅对当前的业务有着深入的理解和热爱，而且对未来的发展有着明确的规划和期待。他们愿意投入更多的时间和精力，与公司一起面对挑战，共同解决问题。

同时，他们也愿意与你一起努力，实现公司的共同目标。他们深知，团队的力量是推动公司发展的关键，只有共享成功的喜悦，个人的价值才能得到真正地实现。他们愿意与你分享他们的知识和经验，帮助你更好地了解市场和客户需求，以此提高你的决策能力。

如果你与潜在合伙人之前并不熟悉，那么你首先需要了解他的背景与信誉，并深入探究其工作经历。因为这可以帮助你判断他们在职业生涯中是否积累了丰富的经验和专业知识。比如，你可以询问他们在过去的工作中是否担任过关键职位，是否在相关领域有过工作经验，以及在工作中的表现如何等。

接下来，你需要关注合伙人的业绩。这可以帮助你了解他们的工作能力和业务水平。比如，他们在过去的项目中是否有优秀的业绩，是否有成功的案例可以分享，是否展现出创新思维和解决问题的卓越能力。

最后，你需要了解合伙人的口碑。这可以帮助你了解他们的人格魅力和人际关系处理能力。比如，他们在过去的工作中是否建立了良好的人际关系，是否展现出高尚的职业道德和职业素养，以及社会对他们的评价如何。

为了全面、准确地评估合伙人的能力和可靠性，你可以采取多种方式。比如，你可以请求查看参考信、推荐信来了解他们过去的表现和评价。同时，你也可以通过面对面约谈的方式来直接了解他们的能力和态度。

显然，在人与人之间的交往中，任何选择与决策都是双向的。当你在挑选合伙人时，合伙人也在对你进行观察。因此，提升自身的能力与素质才是创业成功的重要基石。

有"备胎"，不可耻

对于创业者来说，拥有备选计划（Plan B）非常重要。在创业过程中，可能会面临各种挑战和不确定性，这些挑战可能包括合作伙伴关系的失败、市场变化、资金短缺等问题。在这种情况下，拥有备选计划可以帮助创业者应对突发情况，减少风险并保障业务的稳定发展。

合作伙伴关系的破裂是创业者经常面临的一个问题。在创业初期，找到合适的合作伙伴非常关键，但有时候合作伙伴也会不可避免地出现一些问题，导致合作关系破裂。这时，如果创业者没有备选计划，可能就会因此陷入困境。而拥有备选计划，便能迅速调整策略，寻找新的合作伙伴或采取其他措施来持续推进业务。

Airbnb 的创始人是 Brian Chesky 和 Joe Gebbia。在他们开始 Airbnb 的创业之旅时，资金并不充裕。但幸运的是他们遇到了技术精湛的程序员 Nathan Blecharczyk，并邀请他作为合伙人加入，Nathan 的加入为他们构建了一个稳定可靠的在线平台。有了 Nathan 的帮助，他们成功地吸引了投资者的关注，并筹集到了足够的资金来推动公司的发展。

再看一个例子，Uber 的创始人是 Travis Kalanick 和 Garrett Camp。在创业初期，他们面临着巨大的法律挑战，因为他们的商业模式触及了传统出租车行业的利益。幸运的是，他们遇到了经验丰富的法律顾问 John Bardis，在 John 的帮助下，他们成功解决了这些法律问题，使 Uber 成长为全球最大的打车平台之一。

Facebook 的创始人是 Mark Zuckerberg 和他的室友 Eduardo Saverin。在 Facebook 的早期发展阶段，由于需要处理大量的用户数据和棘手的服务器问题，他们面临着巨大的运营挑战。幸运的是，他们得到了才华横溢的工程师 Dustin Moskovitz 的加入，作为联合创始人，Dustin 的专业技能对于解决这些技术难题起到了关键作用。在他们的共同努力下，成功地克服了这些挑战，使 Facebook 逐渐成长为全球最大的社交网络平台之一。

备选计划包括以下几个方面：

1. 选择多个合作伙伴：在挑选合作伙伴时，应考虑多位候选人，全面评估他们的专业技能、经验和价值观，以便在必要时能够灵活调整或更换合作伙伴。

2. 多元化收入来源：为避免过度依赖单一的收入来源，应尽可能寻找多种收入渠道，以减少对特定合作伙伴或单一市场的依赖风险。

3. 资金筹备：为确保在紧急情况下或业务发展需求时有足够的资金储备，应积极寻求投资者，建立紧急资金储备，并制订周密的财务计划。

4. 保持灵活性和适应性：要随时准备根据市场变化和合作伙伴关系的发展调整业务战略和计划，以灵活应对各种情况。

备选计划

除了选择多个合伙人外，市场变化也是创业者需要面对的挑战之一。随着时间的推移，市场需求和竞争环境可能会发生变化，这种变化会对创业者的业务造成重大影响。市场需求的转变和竞争态势的演变，可能会使原有的商业模式失去优势或变得不再适用。

如果创业者没有备选计划，他们可能会面临无法适应市场变化的风险。当市场需求发生变化时，创业者需要及时调整自己的业务方向，寻找新的市场机会或者改进产品或服务，以适应市场的变化。然而，如果没有备选计划，创业者可能无法迅速应对，从而错失宝贵的商业机会。

相对而言，拥有备选计划可以帮助创业者更好地应对市场变化。备选计划要求创业者在制定业务策略时，就预见到市场需求和竞争环境可能的变化，并提前制定相应的应对策略。这些策略可能包括探索新的市场、改进产品或服务、调整营销策略等。借助备选计划，创业者可以在市场变化时迅速做出决策，调整业务方向，以保持其竞争优势。

制订备选计划要求创业者具备敏锐的市场洞察力和灵活的思维能力。他们需要密切关注市场动态，洞悉消费者需求的变化趋势以及竞争对手的动向。同时，创业者还需兼具创新思维和快速决策能力，以便在市场变化时迅速响应。

资金问题也是创业者经常面临的挑战之一。在创业初期，资金往往十分有限，且随着业务的发展，需要不断投入资金。如果创业者没有备选计划，一旦遇到资金短缺的情况，可能会导致业务停滞不前甚至公司倒闭。因此，拥有备选计划可以帮助创业者寻找其他资金来源，如吸引投资、申请贷款或优化成本等，以确保业务的稳定运营。具体如下：

首先，吸引投资是解决资金问题的常用方法。创业者可以向天使投资人、风险投资公司或其他投资者展示商业计划和潜力，以吸引投资。外部资金的支持有助于扩大业务规模、增加市场份额，更好地应对资金短缺的挑战。

其次，申请贷款也是一种常见的解决资金问题的方式。创业者可以向银行或其他金融机构申请贷款，以获得所需资金。在申请贷款时，需准备详尽的商业计划和财务预测，以证明还款能力和项目的可行性。成功获得贷款后，创业者将获得稳定的资金来源，支持业务的发展和扩张。

最后，优化成本也是解决资金问题的有效方法。创业者应审视并优化公司的运营成本，寻找节约开支的途径。如降低人力资源成本、减少采购成本、调整营销策略等。通过合理控制成本，创业者可以腾出更多资金用于业务发展，从而缓解资金短缺的压力。

简而言之，拥有备选计划的目的是保持灵活性和适应性。

创业者应密切关注市场趋势、竞争对手的动向以及消费者需求的变化。通过收集和深入分析市场信息，创业者能及时洞悉市场变化，并据此调整业务策略与规划。这不仅有助于他们更精准地满足消费者需求，抓住市场机遇，还能在与竞争对手的较量中保持优势。同时，与合作伙伴的紧密沟通与协作亦不可或缺。

创业者需与合作伙伴保持常态化的交流，包括定期会晤、信息共享及需求沟通等。这样，创业者便能随时了解合作伙伴的发展方向、策略调整和资源需求等关键信息，从而迅速调整自身业务策略，以应对各种新情况和新变化。更进一步，通过与合作伙伴的联合规划，可以共同制定出更加适应新环境的业务策略，携手实现共同目标。

创业者还应建立稳固的信任关系和积极合作文化。通过建立深厚的信任基础，创业者和合作伙伴可以更加坦诚地沟通与协作，携手应对各种挑战。同时，创业者还应尊重合作伙伴的观点和决策，共同商讨并制定行动方案。

当市场或合作伙伴关系发生变化时，创业者需要灵活调整业务战略。

创业者需要密切关注市场趋势和消费者需求的变化。通过收集和分析市场信息，创业者可以及时了解市场动态，并据此调整产品定位。如果市场需求发生变化，创业者可以考虑调整产品的功能、定价或目标受众，以更好地满足市场需求。同时，创业者还可以考虑拓展新的市场渠道。当市场环境改变时，原有的市场渠道可能不再适用或效果不佳。因此，创业者可以寻找新的市场渠道，以拓宽产品的销售和推广途径。比如，可以考虑在线销售、利用社交媒体进行推广或与其他企业进行联合营销等。

此外，创业者还可以改进营销策略。当市场变化时，原有的营销策略可能需要进行相应的调整。创业者可以通过重新塑造品牌形象、改进广告宣传、加强客户关系管理等方式来提升营销效果。同时，与合作伙伴共同开展营销活动也是一个不错的选择，有助于扩大品牌影响力和提升市场份额。

在面对市场和合作伙伴关系的变化时，创业者应保持积极的心态，不断探寻新的机遇和解决方案。他们可以通过与行业专家、顾问或其他创业者进行交流和合作，以获得新的思路和建议。同时，参加行业展览、研讨会等活动也有助于了解行业的最新动态和趋势，并与其他企业建立有益的合作关系。

别让"梭哈"束缚住了你

许多人在下定决心做一件事情时喜欢"all in"("梭哈"),也就是将所有的金钱与精力都投进去,尤其是在创业这件事上。

市面上也有许多机构鼓励人们创业,并强调创业者应采用"all in"策略。确实,在创业过程中,这种态度和决心是非常重要的,也是创业者需要意识到的。因为创业往往需要面对各种困难和挑战,需要付出巨大的努力和精力才可能成功。但务必要注意,创业者应为自己保留一些余地和储备金。

创业本身就具有高风险,在这个领域,成功并不是每位创业者都能轻易达到的目标。原因在于,创业除了要求有创新思维,还需要大量的金钱和精力的投入。然而,如果将所有的金钱和精力都投入创业项目中,那么,一旦项目失败,可能会带来沉重的经济和心理负担。

从经济角度来看,创业确实需要大量的资金投入。这些资金可能来自创业者自己的储蓄,也可能由投资者提供。如果创业失败,这些资金有可能全部付诸东流,甚至会使创业者背负沉重债务。因此，预留部分资金作为应急储备显得尤为重要，它能为创业者提供一道安全网，以应对未来可能出现的经济困境和挑战。

从心理层面来看，创业失败给创业者带来的心理压力不容小觑。创业者可能因失败而深感沮丧，甚至开始自我怀疑。这种压力对创业者的心理健康无疑是个严峻考验。正因如此，保留一定资金也能够在一定程度上缓解因失败导致的心理压力，为创业者提供必要的心理支持。

创业者为什么不要"all in"？

- 创业本身就是一件高风险的事。
- 创业者需要平衡生活与工作。
- 创业者需要拿出一些时间用来学习与成长。
- 创业者需要进行多元化投资，余钱可以用来及时抓住那些稍纵即逝的商业机会。

除此之外，创业者在追求事业成功的同时，也需要关注自己的身心健康和生活质量。如果将所有的时间和精力都投入创业项目中，可能会无暇顾及家庭、朋友和个人兴趣爱好，这不仅会导致身心疲惫，还可能使人际关系变得紧张。

长时间的工作和沉重的压力可能会导致身心疲惫，甚至引发各种健康问题。在创业初期，创业者本身就承受着巨大的压力，为何还要自增负担呢？因此，创业者应合理安排时间，进行适当的休息和锻炼来缓解压力，提高身体素质，以便更好地迎接工作中的挑战。

同时，平衡工作和生活的关系也可以帮助创业者维系良好的人际关系。过度专注于工作，往往会忽视与家人和朋友的沟通和交流，导致关系疏远。如果创业者可以抽出时间多陪伴家人、参加社交活动或培养个人兴趣爱好，那么不仅可以增进与他人的情感联系，扩大社交圈子，还可能因此获得更多事业发展上的支持和资源。

此外，为自己预留一些闲暇时间还可能有效提高工作效率。长时间的连续工作可能会导致思维僵化和创造力下降，进而影响工作质量和效率。通过适度的休息和放松，创业者可以迅速恢复精力，调整思维状态，以便更好地应对工作中的问题和挑战，提高工作效率和创造力。

另外，如果创业者将所有的资金都投入一个创业项目中，其风险是极高的。创业项目本身就充满了不确定性，可能会遭遇市场波动、竞争压力、技术难题等多重挑战。一旦项目遭遇问题或失败，创业者将面临巨大的经济损失和陷入发展困境。

为了降低风险并增加投资回报的机会，保留一些余钱用于多元化投资是非常明智的选择。多元化投资意味着将资金分散投资于不同的领域或项目，以减少单一项目可能带来的风险。通过这种方式，即使某个项目面临困境或失败，其他项目仍有可能成功，从而平衡整体的投资收益。

　　创业者可以考虑将部分资金投向其他领域或项目，以获得更多的机遇和回报。这样做的优势显而易见：首先，多元化投资可以帮助创业者分散风险，避免因单一项目失败而造成重大损失。其次，通过投资不同领域或项目，创业者可以积累更多的经验和知识，提升自身的能力和竞争力。最后，多元化投资还可以为创业者提供更多成功的机会。

　　在进行多元化投资时，创业者也需要谨慎选择投资项目，他们应根据自身的兴趣、专业知识和对市场趋势的洞察来进行评估和分析，要选择那些具有潜力和可行性的项目进行投资。同时，合理规划和管理资金也很重要，以确保每个投资项目都能得到适当的关注和支持。

　　同样重要且易被忽视的一点是：保留一些闲暇时间和资金可以用于个人的学习和成长。对于创业者来说，参与培训课程、读书学习以及行业交流等活动是非常重要的。这些活动不仅能够帮助他们提升自身的知识和技能，还能为创业项目的发展提供更多的支持。

　　参加培训课程，创业者可以系统地学习和掌握所需的专业知识和技能。无论是市场营销、财务管理还是团队管理等方面的培训，都能为创业者提供实用的指导。通过这些培训，创业者能更深入地理解市场趋势和竞争环境，从而制定出更加行之有效的商业策略。

　　读书学习是创业者实现个人成长的重要途径，通过阅读相关领域的图书和专业杂志，创业者可以不断拓宽自己的知识面，及时掌握最新的行业动态和前沿技术。同时，读书还可以培养创业者的思维能力和创新意识，使他们在竞争激烈的市场中保持领先地位。

此外，参与行业交流活动也是创业者提升自我的重要方式。通过参加行业会议、研讨会和展览等活动，创业者有机会与同行业的专业人士进行深入交流和互动。这种交流不仅能让创业者从其他创业者和专家的分享中获得宝贵的经验和深刻的见解，还有助于建立广泛的人脉网络，为创业项目寻找合作和发展机会。

创业并走向成功并不是一蹴而就的，它不是短暂的冲刺，而是一场持久的马拉松。正因如此，"all in"并非明智之举，我们要强调的是，给自己留出一些余闲和储备资金的重要性，这并非鼓励你在创业之路上有所"松懈"。当你有了一定的余闲和储备资金后，你的心态会更加平和，在面临巨大压力时，能保持冷静，做出正确且全面的决策。

先"小人",后君子

在创业初期,选择合作伙伴后,必须牢记一个重要原则:在公司开始赢利之前,就应与合伙人就利益分配问题达成共识。这样做可以避免未来可能出现的各种纠纷和不必要的矛盾。

通过提前确定好利益分配,合伙人能清楚地认识到自己在公司中的地位和权利,以及自己对公司的贡献会获得怎样的回报。这样能避免合伙人之间因利益分配不均而产生不满和误解,减少争议和纠纷的发生。

明确合理的利益分配还有助于维护合作关系的稳定性和持久性。当每位合伙人都清楚自己的权益和责任时,就可以更好地协同合作,共同实现公司的目标。这种明确性能够增进信任和共识,从而减少合作过程中的摩擦和冲突。

合理的利益分配也是对合伙人贡献的肯定,能激发他们的积极性和创造力。当合伙人意识到自己的努力和贡献将直接影响个人回报,会促使他们更加专注和投入于工作,不断推动公司走向成功。

当然,明确的利益分配方案也能吸引外部投资者。投资者通常会关注公司的股权结构和利润分配方式,因为这直接关乎他们的投资回报。如果一个公司有明确的利益分配方案,那么就能确保合作伙伴之间的权益和责任得到公正分配,这无疑会增强投资者的信心和兴趣。

制定明确的利益分配方案,可以为投资者提供透明度和可预测性的保障。他们可以清楚地了解自己在公司中的地位和权益,以及预期的投资回报。这种透明度和可预测性可以增加投资者对公司的信心,使他们更愿意进行资金投入。

此外,明确的利益分配方案还可以减少投资者与合作伙伴之间的潜在冲突。当一个公司的利益分配方案既公平又合理,已经充分考虑到各方的贡献和风险,投资者与合作伙伴之间的利益纠纷就会大大减少。这种稳定的合作关系会提高投资者对公司的兴趣,使他们更倾向于长期持有股权。

如果没有事先就公司发展方向与利益分配进行充分有效的沟通并达成共识,创业很可能因内部矛盾而失败。

以某餐饮品牌为例,该品牌的3位创始人的持股比例为4∶3∶3。然而,在公司发展壮大后,其中一位创始人提出了一个特殊的股权控制架构建议,并要求自己的投票权是其他两位的3倍。这一提议引发了一场关于公平性的争议,最终导致几位合伙人分道扬镳。这一案例真实反映了利益分配问题在创业过程中的重要性。

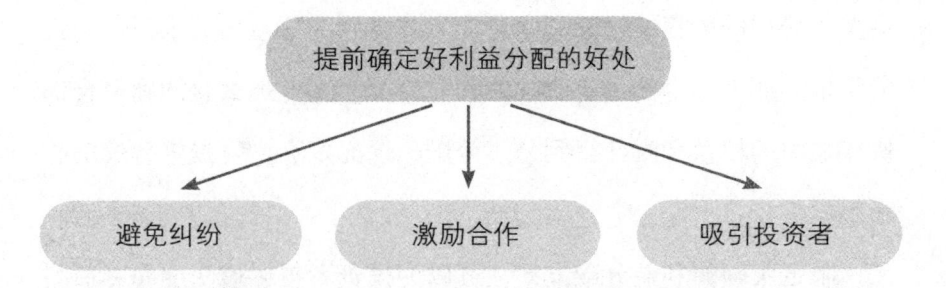

```
          ┌─────────────────────────┐
          │   提前确定好利益分配的好处   │
          └─────────────────────────┘
           ↓            ↓            ↓
      ┌────────┐   ┌────────┐   ┌──────────┐
      │ 避免纠纷 │   │ 激励合作 │   │ 吸引投资者 │
      └────────┘   └────────┘   └──────────┘
```

因此，在创业初期选择合伙人时，确保利益分配和权力控制的公平性是非常重要的。合伙人之间应提前明确利益分配的原则和方式，避免在后期出现不公平的情况。此外，合伙人之间还应建立良好的沟通和信任关系，共同制定发展战略，并共同承担风险和责任。只有这样，才能确保公司的稳定发展，避免因内部矛盾而导致的失败。

再举一个例子。有一家公司，由股东A、B和C共同拥有。其中，A股东持有公司的60%的股份，而B和C两个小股东则分别持有20%的股份。在公司初创和发展初期，由于A股东持有大部分的股份，因此他决定利用公司的盈利进行更多投资，以期扩大公司的规模和影响力。然而，B和C两个小股东却持有不同意见，他们希望通过分红尽快获得投资回报。随着时间的推移，这家公司的业务逐渐发展壮大，最终决定上市。然而，在上市前夕，A股东开始担心自己的股权会因新投资者的加入而被稀释。因此，A股东向B和C两个小股东提出建议，希望他们能先行退出公司，但这个建议并没有得到B和C的认同。他们认为，作为公司的股东，他们有权共享公司的发展成果，而不是被迫退出。由于A、B和C在这个问题上无法达成一致，最终导致了他们分道扬镳。

商业世界充满了变数与挑战。除了需提前确定好利益分配，还需做好最坏的打算——"万一明天就和合伙人闹掰了"该如何应对。

在商业领域，合作关系的破裂屡见不鲜。无论是因意见不合、利益冲突还是其他原因，合伙人之间的矛盾都可能逐渐激化，最终导致合作破裂。

因此，在双方关系尚佳时，就应在合作协议中明确规定利益分配的方式和比例，以避免合作过程中因利益分配问题引发纠纷。同时，应约定一些解决争议的机制，如仲裁或调解等，以便在发生分歧时及时化解。否则，若在分歧产生后才去确定利益分配，将会变得十分棘手。因为那时彼此可能已失去信任，容易意气用事，导致分歧进一步恶化，最终损害企业发展和个人利益。

你还可以考虑制定一份详细的应急预案。在这份预案中，列出潜在的问题、相应的应对措施、明确的责任分工和解决方案等。这样一来，即便合作关系出现问题，你也可以迅速应对，以降低损失和影响。

《孙子兵法》有云："未谋胜，先谋败。"这句话强调了在战争或竞争中，制定战略时应充分考虑可能遭遇的困难和失败，并预备好应对措施的重要性。唯有对潜在的失败和挫折有充分的预见和准备，我们才能制定出更为周全、高效的战略。通过预先策划应对失败的策略，我们能更好地抵御风险，减少损失，并提高获胜的概率。

  在商业领域，这一理念同样具有深远意义。在制订商业计划和战略时，我们必须全面考虑潜在的失败和挑战，并制定相应的对策和备选方案。这是应对不确定性和变化的关键所在，能够有效增加成功的机会。

第三章
要做什么

赢在起跑线上

也许此时的你已经踏上了创业的征程，拥有了自己的企业，或者你正在为创业进行着周密的筹备。无论处于哪种阶段，当你决定走上这条充满挑战和机遇的道路时，都必须深思熟虑，慎重选择你的创业方向。

在选择创业方向时，兴趣与热情是最重要的。选择自己感兴趣并热爱的行业，能够为创业提供持续的动力。对于初创者来说，当面对行业的种种挑战，兴趣和热情是他们不断前行的动力。

至少，在你想放弃的那一刻，是兴趣与热情让你重新找回初心，继续前行。

选择市场需求旺盛、发展趋势向好的行业，可以显著提高创业成功的概率。为了做出明智的选择，你需要深入研究行业报告、市场调研数据以及成功案例，以便全面了解行业的发展前景和竞争格局。在这个过程中，你要关注那些具有潜力和增长空间的行业，为创业之路奠定坚实的基础。如果你在某一行业拥有丰富的经验和专业技能，那么在该行业创业无疑是明智之举。

第一，如果你已经积累了一定的专业知识和实践经验，这将在创业过程中为你提供宝贵的指导和支撑。你可以运用自己的专业知识，为市场提供独特的产品或服务，从而获得竞争优势。

第二，你在行业中的人脉资源也是你创业的重要资产，通过与同行业的专业人士建立联系，你可以获取行业内的最新动态和趋势，了解市场需求和竞争情况。这些信息将有助于你制订切实可行的商业计划，并找到合适的合作伙伴和供应商。

第三，选择与自身能力和经验相关的行业，也有助于提高你的成功率。因为你已经熟悉行业的规则和运作方式，能够更好地预测市场变化和风险，并采取相应的应对措施。相反，如果你选择一个完全陌生的领域，可能会面临更多的不确定性和挑战，势必会增加创业的风险。

第四，你应当优先考虑那些竞争相对较少或具有创新空间的领域。这样的行业往往能为你的创业提供更多成功的机会。同时，应尽量避免选择那些过于饱和或高度竞争的行业，因为他们往往会给你带来更大的挑战和压力。

当然，你也可以寻找那些具有差异化竞争优势或属于新兴领域的行业。这些行业不仅拥有巨大的发展潜力和市场空间，而且竞争相对较小，为你提供了更多的机会去创新和发展。通过在这些行业中寻找机会，你可以更好地利用自己的资源和能力，从而实现创业的成功。

在选择行业的过程中，你不仅要充分考虑自身的资金需求及其可行性，还要对自己的财务状况有比较清晰的了解，包括你拥有多少资金、这些资金可以维持多久的运营，以及你是否具备在需要时筹集更多资金的能力。同时，你还需要评估自己的资源能力，包括你的技能、知识和人脉等。

在选择行业时，你需要考虑各行业的创业成本和风险差异。比如，一些高科技行业的创业成本可能会非常高，因为需要大量的研发投入和设备购置费用。而一些传统行业的创业成本可能相对较低，但面临的竞争压力会非常大。因此，你需要根据自身情况做出合理的选择。

初创者选择行业时，可以考虑以下几个因素：

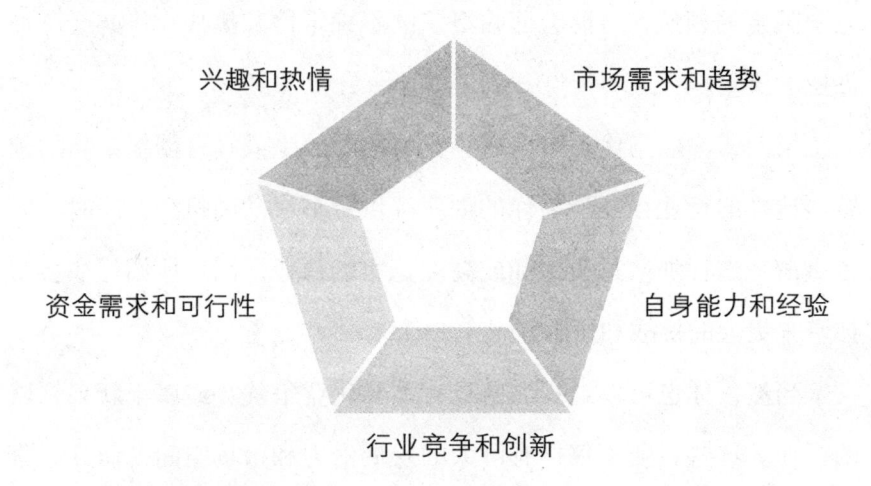

- 兴趣和热情
- 市场需求和趋势
- 资金需求和可行性
- 自身能力和经验
- 行业竞争和创新

无论你选择何种行业，都需要先评估这个行业的发展前景：

一是你需要对这个行业有一个全面深入的了解，比如要了解该行业的市场规模，也就是这个行业的总销售额或总产出。这些信息可以帮助你判断这个行业是否有足够的市场空间来容纳你的业务。

二是你需要了解该行业的增长率，也就是这个行业的销售额或产出在一定时间内的增长情况。这些信息能帮助你判断这个行业的发展趋势，以及你的业务是否有可能获得良好的回报。

通过了解行业的市场规模和增长率，你可以判断这个行业是否具有足够的潜力和机会。如果一个行业的市场规模大且增长率高，那么这个行业就具有很大的发展潜力和机会。反之，如果一个行业的市场规模小且增长率低，那么这个行业的发展潜力和机会就可能相对较小。

那么，如何获取这些相关信息呢？你可以通过多种方式进行研究。比如，你可以进行市场调研，通过访问行业的潜在客户、竞争对手和供应商，了解他们的需求、策略和看法。你也可以阅读行业报告，这些报告通常会提供关于行业规模、增长率、竞争状况、发展趋势等方面的详细信息。此外，你还可以通过数据分析来获取相关信息，比如，你可以分析历史销售数据、市场份额数据等，以了解行业的发展趋势和潜力。

三是你需要密切关注所在行业的技术发展和创新趋势，以便判断该行业是否正处于一个快速变革和发展的阶段。在这个过程中，你需要关注行业中是否有新技术、新产品或新模式的出现，以及这些创新是否能够为市场带来新的机会，是否具备竞争优势等。

了解行业的技术发展状况是非常重要的，这包括关注行业内的技术创新、研发投入、专利申请等情况。这些信息能够帮助你洞察行业的技术发展趋势，并预测哪些技术领域可能成为未来的主流。

这对于你在投资决策中把握行业整体趋势、避免盲目跟风非常有帮助。

随着科技的发展和市场需求的变化,行业内会涌现一些新产品和新模式,这些创新有可能深刻改变整个行业格局。因此,密切关注这些新产品和新模式及其在市场上的表现是至关重要的。这将有助于你及时捕捉到市场的变化,并为自己的投资决策提供有力的支撑。

在评估一个创新的价值时,你需要从市场需求、竞争格局、技术成熟度等多个角度进行全面分析。除了这些基础因素,你还需要特别关注行业的技术发展和创新趋势。只有当创新能够满足市场需求,且具备一定的竞争优势时,它才能为投资者带来真正的价值。因此,在对行业技术发展和创新趋势有充分了解的基础上,你还需要对这些创新进行深入的分析,以确保自己的投资决策是明智的。

四是你需要评估竞争格局和自身的竞争力,深入了解行业的竞争格局,判断自己是否有机会在该行业中脱颖而出。这包括分析行业中的主要竞争对手、市场份额分布、产品差异化程度等因素,以评估自己的竞争优势和市场定位。

五是你需要了解行业的政策和法规环境,判断是否存在政策支持或限制,并预测其对行业发展的影响,因为政策的稳定性和可预测性对行业的发展具有重要影响。

六是你需要评估行业生命周期和趋势。通过评估,你可以判断行业处于何种阶段以及未来的发展趋势如何。行业的成熟度、增长速度、市场饱和度等因素都会对行业的发展前景产生影响。

不要瞎凑热闹

人类天生就有一种喜欢凑热闹的倾向，这是人性中的一部分。在创业过程中，有些创业者在选择业务领域时，会本能地选择那些人多的行业。他们可能会因为听到别人谈论某个行业近期的利润丰厚，就决定投身其中，希望能分一杯羹。

然而，对于初创企业来说，避开那些拥挤的市场或行业才是更明智的决策。在人口众多的市场中，竞争往往异常激烈。在这样的市场环境下，大量的竞争对手可能会使你的产品或服务难以在众多的商品和服务中脱颖而出，从而影响你的销售业绩和市场份额。

首先，我们要明白，人多的市场意味着消费者的需求和品位差异很大，这就要求你的产品或服务必须具有足够的竞争力，才能在众多的竞争者中吸引消费者的注意。可是，由于竞争对手众多，你可能需要投入大量的资源和精力去研发新产品、提升服务质量、进行市场营销等，这无疑会增加你的经营成本。

其次，人多的市场往往意味着市场被分割，具有碎片化特征。消费者的需求和购买行为可能会受地域、年龄、性别、收入等多种因素影响而有所不同，这就要求你的产品或服务必须具备高度的灵活性和适应性，以满足不同消费者的需求。当然，这种灵活性和适应性的提升，同样需要你投入大量的资源和精力。

因此，在这种情况下，选择相对较小的市场或细分市场，可能会是更理想的选择。这样的市场竞争相对较小，消费者的需求和购买行为也相对集中，你可以更容易地找到自己的市场定位和竞争优势。

第一，你可以根据消费者的需求和购买行为，更准确地定位你的产品或服务。通过市场调研和数据分析，深入了解消费者的真实需求，从而设计出更符合他们期望的产品或服务。同时，你也可以根据消费者的购买行为，制定更有效的营销策略，以提升销售业绩和市场份额。

第二，你可以利用自身的竞争优势，更好地应对市场竞争。在小市场或细分市场中，通过深入分析竞争对手的产品或服务，找出他们的优势和劣势，从而制定出更加精准的竞争策略。同时，你也可以利用你自己的资源优势，如品牌优势、技术优势、供应链优势等，来提升竞争力。

第三，人多的市场往往也意味着较高的进入门槛。因为在这样的市场中，企业需要投入更多的资源和资金来与众多竞争对手抗衡。这些资源和资金涉及市场调研、产品研发、营销推广等多个方面。

市场调研是企业在进军新市场前的关键环节。通过市场调研，企业能掌握市场的基本情况，包括市场规模、消费者需求、竞争对手情况等。但市场调研确实需要大量的人力、物力和财力投入，这对初创企业来说可能是一项沉重的负担。

产品研发也是进入市场的必要条件。为了在竞争激烈的市场中脱颖而出，企业需要不断研发新产品，满足消费者不断变化的需求。但产品研发不仅需要大量的资金，而且研发周期长、风险高，这对初创企业构成了极大的挑战。

营销推广是企业在市场中稳固地位的重要手段。通过有效的营销推广，企业能提升自身的知名度，吸引更多消费者的关注。但营销推广同样需要投入大量的资金，且效果并不是立竿见影的，这对初创企业来说也是个不小的考验。

初创企业往往难以承受这样的压力。因此，选择相对较小的市场可能是一个更好的选择。在小市场中，企业的进入门槛相对较低，不需要大量的资源和资金就可以进入。同时，小市场中的竞争对手相对较少，企业更易于确立自身的市场地位。

在竞争激烈的大市场中，吸引并留住客户会更具挑战性。这是因为消费者在这样的环境中有更多的选择余地。他们可以根据自己的需求和喜好，从众多的产品和服务中挑选出最适合自己的。

对于新进入市场的初创企业来说，这种激烈竞争的环境无疑加大了他们的挑战。

一是他们需要花费更多的时间和精力去吸引客户。为此，他们得通过各种方式，如广告宣传、促销活动等，来吸引潜在客户的注意力。同时，他们还需要不断改进自己的产品和服务，以满足客户的多样化需求。

二是初创企业需要投入大量的资源来提升品牌知名度。他们得利用各种渠道，如社交媒体、公关活动等，来提高自己的品牌知名度。这不仅可以吸引更多的客户，还可以增强自身的市场竞争力。

对初创企业而言，这些都是巨大的成本开销，稍有不慎，就可能过度消耗前期资金，对今后的发展造成不利影响。一个拥有众多消费者的市场很可能已被主要竞争对手占据。这些竞争对手可能已经深入洞察了市场需求，并通过他们的产品和服务满足了大部分消费者的需求。因此，在这样的市场中寻找创新机会可能会变得非常困难。

总体来说，选择那些竞争者较少的领域，可以让初创企业更容易聚焦于特定的目标客户群体。通过这种方式，企业能更深入地了解客户的需求和期望，从而提供与众不同的产品或服务。这种差异化策略有助于企业在激烈的市场竞争中脱颖而出，构建自身的竞争优势。

构建竞争优势有助于企业在市场中树立良好的品牌形象。当企业的产品或服务在市场上展现出独特价值时，消费者会更倾向于选择该企业的产品或服务。这样一来，企业的品牌知名度和美誉度都会得到提升，从而吸引更多潜在客户，形成一个良性循环。

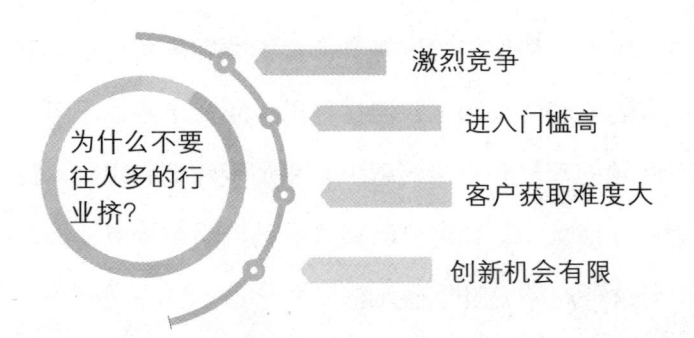

为什么不要往人多的行业挤？
- 激烈竞争
- 进入门槛高
- 客户获取难度大
- 创新机会有限

从近几年的数据中不难发现，热门行业往往只是昙花一现，市场需求可能会迅速达到饱和或迅速转向其他方向。如果企业只是盲目追逐热点，而缺乏长远的发展规划和战略视野，那么公司可能会陷入生存困境。

相比之下，选择一个具有长期发展潜力和可持续性的行业赛道显得更为明智。创业者应关注那些展现出稳定增长趋势和具备长期竞争优势的行业。虽然这些行业可能不会立即为初创企业带来巨额利润，但它们能为初创企业提供更稳定的市场基础和长期发展的契机。

小步快跑，快速迭代

在创业的初期阶段，许多创始人易陷入一个常见的思维误区，即以自我为中心来思考和处理问题。他们倾向于将自己的观点、喜好和需求投射到顾客身上，这种做法容易导致片面和主观的判断。

具体来说，虽然他们尝试将自己置于顾客的角色中，试图从顾客的角度去思考和解决问题，但这种以自我为中心的思考方式会使得他们对问题的理解和提出的解决方案过于片面和主观。比如，他们可能会错误地认为，如果自己喜欢某种产品或服务，那么所有的顾客也会对这种产品或服务感兴趣。

这种思维方式虽然有助于创始人快速做出决策，但在面对复杂多变的市场环境和多样化的顾客需求时，可能会导致他们无法做出最合适的决策。

在创业过程中，重要的是要以顾客为中心，真正了解他们的需求和偏好，而不能以创始人自己的喜好为依据。换句话来说，创始人的需求并不是决定性的，顾客的需求才是最重要的。

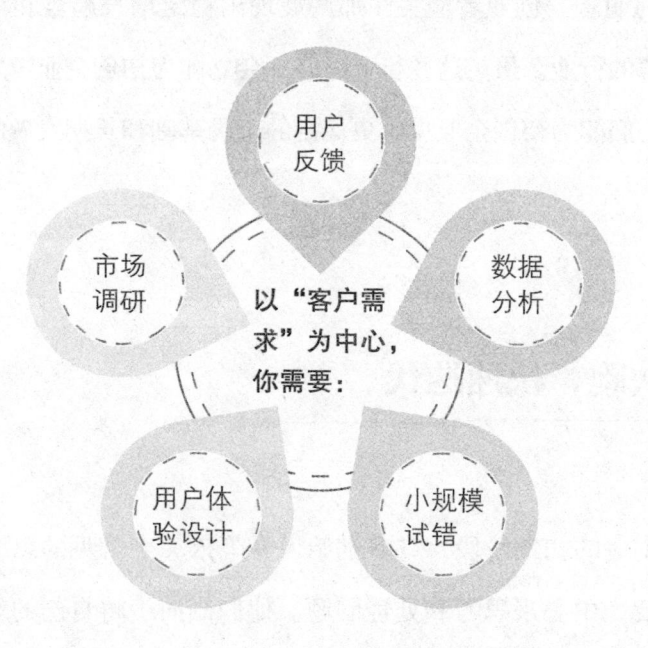

以"客户需求"为中心，你需要：
- 用户反馈
- 市场调研
- 数据分析
- 用户体验设计
- 小规模试错

为了避免出现"以自我为中心式"的思维陷阱，你需要做到以下几点：

第一，你需要进行充分的市场调研，包括了解目标顾客的需求、偏好和行为习惯。这些信息可以帮助你更好地了解自己的客户，以便提供他们真正需要和期望的产品或服务。你需要对目标顾客进行深入的研究，了解他们的具体需求。这可能包括他们对产品或服务的具体期望、购买动机以及在购买过程中遇到的问题。掌握这些信息可以帮助你改进产品或服务，以精准满足他们的需求。

第二，你需要了解目标顾客的偏好，包括他们喜欢的颜色、设计风格以及产品功能。这些信息将指引你设计出更符合他们品味的产品或服务。

第三，你需要深入研究目标顾客的行为习惯，包括他们的购买频率、购买时间以及购买地点。这些信息可以帮助你更好地定位自己的产品或服务，确保在恰当的时间和地点向顾客进行推销。

通过收集和分析这些调研数据，你可以更好地理解市场和客户需求，并利用这些信息来指导决策，而不是仅仅依靠个人的主观判断。这样一来，你就可以做出更明智、更有效的决策，从而提高业务成功率。

在市场调研之后，为客户提供一个反馈的渠道也很重要。在商业运营中，与顾客进行积极的沟通和互动是不可或缺的一环。

你可以通过多种方式与顾客进行沟通，比如通过电话、电子邮件、社交媒体等方式。你需要主动询问他们对产品或服务的满意度，并倾听他们的意见和建议。同时，了解顾客在使用产品或服务过程中遇到的问题和困扰也很重要。

此外，收集顾客的反馈和意见同样重要，比如通过问卷调查、在线评论、面对面访谈等方式进行。你需要确保收集到的反馈全面且客观，包括正面和负面的评价。对所有的反馈进行详细的记录和分析，以便能更精准地把握顾客的真实需求和期望。

你需要根据顾客的反馈来优化产品或服务。一旦发现顾客对产品或服务有不满意的地方，就需要尽快找出问题的根源，并采取相应的改进措施。如果你发现顾客对产品或服务有特别满意的地方，你也应总结并分享这些经验，以便在未来的产品或服务中继续强化这种优势。

在数字化时代的今天，待客户做出反馈后，你还要进行深入的数据分析。利用数据分析工具和技术，你可以更精准地洞察用户的行为和偏好。这种分析不仅仅停留在表面观察，而是通过处理大量的数据来揭示用户的真实需求和行为模式。

比如，你可以使用数据挖掘技术来探寻用户的行为模式，采用聚类分析来划分不同用户群体，以及利用关联规则学习来识别用户的需求和偏好。通过这些方式，你可以更深入地了解用户的真实需求和行为模式。有时，你还可能会发现一些用户虽然购买了某个产品，但是他们的使用频率并不高。这可能意味着他们并不是真正需要这个产品，而是因为某些特定因素（如促销活动）的影响才购买。

另外，在设计产品或服务时，你必须高度重视用户体验，这一过程可以分为"五步走"策略。

第一步，要设计一个用户友好的界面，你可以构思一个简洁、直观且易于操作的用户界面，让用户能够快速找到他们需要的功能和信息。同时，你要确保界面在不同设备和浏览器上都能正常显示和使用。

第二步，简化使用流程。你要优化产品或服务的各个环节，减少用户在使用过程中可能遇到的障碍。比如，可以通过减少操作步骤、提供清晰的导航指示和有用的提示来达成这一目标。

第三步，提供个性化体验。你要了解用户的兴趣和需求，为他们提供个性化的内容和服务。这可以通过收集用户的使用数据、分析用户行为和喜好等方式来实现。

第四步，及时反馈。在用户使用产品或服务过程中，提供及时的反馈和建议，帮助用户解决问题。这可以通过设置在线客服、提供常见问题解答等方式来实现。

第五步，持续改进。根据用户的真实反馈和建议，不断优化产品或服务，提升用户体验。这需要你始终保持对市场和最新技术的关注，以便能够及时调整产品设计和相关策略。

在创业的初期阶段，你还可以采用一种有效的策略：根据市场与客户的需求变化进行快速调整，即"小规模试错"。这种方式可以帮助你快速验证相关产品或服务的设想是否具备可行性。通过这种方式，你可以在投入大量资源之前，先对产品或服务进行初步的测试和评估。

在这个过程中,你需要不断进行快速迭代。你要根据测试结果迅速对产品或服务进行调整和优化。只有这样,你才能更快地找到最适合市场需求的解决方案。

同时,你还需要建立一个高效的反馈循环机制。这个机制可以帮助你更好地了解用户的需求和期望,从而使你的产品或服务更加贴近市场需求。通过及时收集并分析用户的反馈,你可以迅速发现问题并加以改进,从而不断提高产品的质量和市场竞争力。

总之,创业过程中应牢记8个字,即"小步快跑,快速迭代",以灵活适应市场变化,不断优化用户体验。

内卷的本质是什么

内卷在商业世界中的本质是竞争。内卷是指在一个行业或社会中,由于资源有限、竞争激烈,个体为了在竞争中获得更多的回报或优势,不断加大投入和努力,导致整体环境变得紧张、压力增加,甚至出现过度竞争和资源浪费的现象。

内卷可以理解为一种无法带来质变的纯量变状态。在这样的环境中,个体为了在竞争中脱颖而出,会不断地追求更高的产出和回报，但这种努力往往只是在现有框架内的积累，无法实现真正的突破和创新。这种量的积累可能导致资源的过度消耗、个体的过度劳累，同时限制整个行业或社会的发展潜力。

以互联网行业为例，可以清晰地看到内卷现象。在互联网行业中，由于市场竞争异常激烈，许多公司为了争夺用户和市场份额，都在不断加大投入和竞争力度。这就导致一些公司不断加班加点、追求高速增长，甚至采用了一些不合理的竞争手段和商业模式。这种内卷现象可能会导致员工的过度劳累、资源的浪费，也可能阻碍整个行业的创新和可持续发展。

在商业世界中，资源是有限的。这些资源包括但不限于市场份额、客户资源和人才等。由于资源的稀缺性，企业和个体在争夺这些有限资源的过程中，会面临激烈的竞争和巨大的压力，这种竞争有时可能会引发内卷现象。

首先，每个企业都希望能够在市场上占据更大的份额，以获取更多的利润和增长点。然而，市场容量是有限的，当多个企业同时追求相同的市场份额时，它们之间的竞争就会变得异常激烈。为了争夺市场份额，企业可能会采取各种策略，比如降低价格、提高产品质量、加大市场推广力度等。这种竞争不仅对企业自身造成了巨大的压力，也可能加剧整个行业的内卷现象。

其次，企业需要吸引并留住客户，以保持持续的业务增长。然而，客户资源是有限的，每个企业都希望能够吸引更多的客户。为了争夺客户资源，企业可能会进行广告宣传、提供优惠活动、改进客户服务等。这种竞争使得企业在吸引客户方面投入了更多的资源和精力，但也可能加剧行业内的内卷现象。

再者，优秀的人才是企业发展的核心驱动力，他们拥有专业知识和技能，能够为企业带来创新和竞争优势。但人才资源同样是有限的，每个企业都希望能够招聘到最合适的人才。为了争夺这些人才资源，企业可能会提高薪资待遇、提供良好的职业发展机会、加强员工培训等。这种竞争使得企业在人才招聘和留用方面投入了更多的资源和成本，同样可能加剧行业内的内卷现象。

除此之外，我们总会看到一些外部指标被用作评价和衡量企业或个人表现。这些指标包括但不限于市场份额、销售额、利润等。这些指标的存在，使得企业和个体有了明确的目标和追求，也为他们提供了一种衡量自身是否成功的方式。

为了达到或超越这些指标，企业和个体会不断提升自己的绩效和成果。他们可能会通过提高生产效率、优化产品或服务、扩大市场覆盖等方式来实现这一目标。在这个过程中，尽管会面临各种挑战和压力，但他们也能获得成长和进步。

然而，这种对外部指标的过度追求也可能带来一些问题。一是过度关注这些指标可能会导致企业和个体忽视了其他重要的因素，如企业的社会责任、员工的福利等。二是为了达成这些指标，企业和个体可能会采取一些不健康的竞争方式，如价格战、恶意竞争等，这不仅对他们自身的发展不利，也可能对整个行业和社会造成负面影响。三是这种过度的竞争和压力可能会导致内卷现象，即企业和个体为了追求更高的绩效，而不断加大投入，最终导致资源的浪费和效率的降低。

内卷的本质还体现在零和思维上。在内卷环境中，个体或组织往往认为资源的获取是一种零和游戏，即一个人或组织的获得必然是其他人或组织的损失。这种思维方式导致了更加激烈的竞争，进一步推动了内卷现象的出现。

人们为了争夺有限的资源，不断加大投入，希望获得更多的回报。然而，这种零和思维却忽视了合作与共赢的潜力。在一个高度竞争的环境中，每个人都试图通过各种手段来提升自己的竞争力，却忽视了与他人的合作与互助。这种思维方式不仅加剧了竞争的激烈程度，也使得整个社会陷入了一种恶性循环之中。具体如下：

首先，零和思维导致了资源的浪费。当每个人都试图通过加大投入来获取更多资源时，往往会产生大量的重复劳动和无效竞争。这不仅浪费了有限的资源，降低了整体效率，还在一定程度上加剧了社会不公。在这种思维方式下，人们往往将成功与失败简单归因于个体的能力差异，而忽略了外部环境和社会制度的影响。这往往导致拥有更多资源和机会的人更容易取得成功，而那些处于弱势地位的人则很难改变自己的命运。这种现象进一步加剧了社会的贫富差距和阶层固化。

其次，零和思维阻碍了创新与发展。在一个高度竞争的环境中，人们往往过于关注短期利益，而忽视了长远的发展。这使得许多企业和个人不愿意承担风险去尝试新的技术和方法，从而限制了整个社会的创新活力。此外，过度的竞争还可能导致资源的过度集中，阻碍某些行业和领域的发展。

最后，内卷现象的本质还体现在对短期利益的盲目追求上。在当今的商业环境中，无论是大型企业还是个体经营者，都面临着巨大的压力和激烈的竞争。为了能够迅速获得利润和回报，他们可能会选择采取一些短视的行为和策略。尽管这些行为和策略可能在短期内带来一定的效益，但它们却可能加剧内卷现象的发展。

商业世界中充满了竞争，但内卷式的竞争无疑是有害的。尤其是对于初创企业来讲，不仅会导致资源分配不合理、创新思维受限，还可能孕育出不良的企业文化。

评估一家企业是否存在内卷现象：

一是观察员工的工作状态和行为。注意员工是否频繁加班、过度竞争、互相攀比，以及是否出现身体和心理健康问题。如果员工普遍表现出过度竞争和工作压力过大的迹象，那可能意味着存在内卷现象。

二是分析企业的绩效评价机制。了解企业的绩效评价机制是否合理和公正。如果绩效评价过

于注重结果而忽视过程和团队协作，或者存在低效的平均主义分配方式，那么可能会导致内卷现象。

三是考察企业文化和价值观。了解企业是否鼓励创新、合作和员工个人发展。如果企业文化倾向于过度竞争、功利主义和个人英雄主义，那么可能会营造出一种内卷的氛围。

四是分析团队合作和沟通情况。观察团队成员之间的合作和沟通方式。如果团队成员之间缺乏合作和互助精神，或者沟通不畅，那么可能会导致内卷现象的发生。

五是考察企业的创新能力。了解企业是否注重创新和知识共享。如果企业缺乏创新意识，没有有效的知识共享机制，也可能会导致内卷现象的出现。

初创企业为了避免陷入内卷的状态，首先要做的就是树立一个良好的企业文化。这种文化不仅能够激发员工的工作热情、提高他们的工作效率，还能够增强团队的凝聚力。具体如下：

第一，初创企业应积极倡导员工之间的合作精神。在现代社会，团队合作已经成为推动工作发展的重要方式。只有通过团队的协作，才能顺利完成复杂的工作任务。因此，企业应通过各种方式，如设立团队奖励机制、组织团队建设活动等，来促进员工之间的紧密合作。

第二，初创企业应鼓励员工分享知识和经验。分享不仅能促进员工之间相互学习、提高自身的能力，还可以增强团队的凝聚力。为此，企业应设立分享平台，鼓励员工积极分享自己的知识和经验。

第三，初创企业应倡导员工之间的互助精神。在工作过程中，难免会遇到一些困难和挑战。这时，如果员工之间能够互相帮助，共同解决问题，那么他们的工作效率将会提高，团队的凝聚力也会增强。

第四，初创企业应强调团队的价值和共同目标的重要性。团队的价值在于每个成员都能够发挥自己的优势，共同完成任务。而共同目标则为团队指明了前进的方向，是全体成员共同努力的焦点。因此，企业应通过各种方式，如设立团队奖励机制，开展团队建设活动等，来不断强调团队的价值和共同目标。

第四章
创造价值

核心竞争力是你的独门秘籍

初创企业的核心竞争力，是指企业在市场竞争中相较于其他竞争对手所具备的独特优势和能力。这种独特性使得企业在特定领域或市场中能脱颖而出，从而取得竞争优势。这种竞争优势是企业取得成功的关键要素，它可以帮助企业在激烈的市场竞争中保持领先地位。

对于一家企业来讲，核心竞争力可以体现在很多方面，比如技术优势，如果企业拥有先进的技术或独特的技术知识，就可以在产品研发、生产制造、服务提供等方面具备竞争优势。技术优势可以使企业在产品性能、质量、效率等方面表现卓越，从而吸引客户并抵御竞争对手的模仿。还有如品牌价值和声誉，企业可以通过建立良好的品牌价值和声誉来塑造自己在市场中的积极形象。一个有影响力和信誉的品牌可以吸引更多的客户和合作伙伴，提高企业的市场地位和竞争力。还有如独特的商业模式，企业可以通过创新的商业模式来实现竞争优势。这包括在产品定价、渠道分销、客户关系管理等方面的创新，使得企业能够以更低的成本、更高的效率或提供更佳的用户体验来推广产品或服务。人才和团队的能力和经验可以为企业的发展提供坚实支撑，并为企业注入创新和持续改进的动力。

对于大部分初创企业和普通创业者来讲，上述的核心竞争力可能显得遥不可及。或许在很多人的眼中，他们自诩为行业领军者，因为他们拥有某些独特的专利技术，成功吸引了行业内知名人士担任顾问，并获得了高声望、有影响力的投资人的支持。他们坚信，这些优势构成了他们的核心竞争力。

从严格意义上来讲，这些因素虽能为企业带来一定的优势和资源，但却并不足以构成企业真正的核心竞争力。真正的核心竞争力应是企业在市场竞争中相对于竞争对手所展现的独特优势和能力。在创业初期，企业最关键的竞争优势在于能否开发出卓越的产品或服务方案。企业需要通过提供卓越的产品和服务来占领市场份额，并且持续保持其先发优势。只有这样，企业才能在激烈的竞争中脱颖而出。

企业核心竞争力可以是：

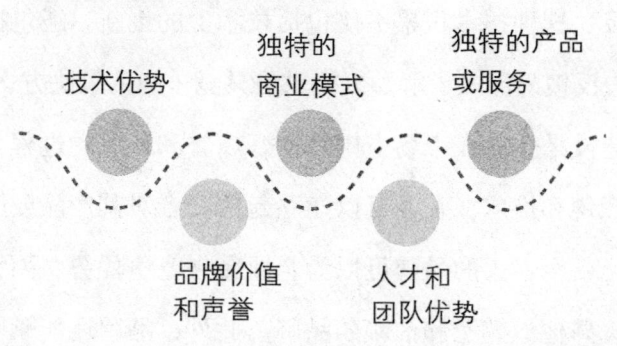

- 技术优势
- 独特的商业模式
- 独特的产品或服务
- 品牌价值和声誉
- 人才和团队优势

第四章　创造价值

其中，Siri 就是一个成功的案例。它提供了一种颠覆性的解决方案，将人工智能技术首次嵌入消费品中。这使得苹果用户能通过发送语音指令在手机上完成各种任务。这种创新的服务方案使得 Siri 在市场上脱颖而出，成为一款极具竞争力的产品。

但仅仅开发出优秀的产品或服务方案是不够的，企业还需要保持和增强核心竞争力。在拥有了核心竞争力的产品或服务后，企业必须始终保持对核心产品或服务的研发和改进工作。这是因为市场需求和顾客偏好是不断变化的，如果企业不能及时适应这种变化，就可能会失去市场竞争力。

除此之外，通过专利、技术积累、品牌建设等方式，企业可以建立起竞争对手难以复制或替代的壁垒。专利为企业提供法律保护，使其在特定领域内享有独占权，防止其他竞争对手使用相似的技术或产品。通过申请和获得专利，企业可以保护自己的创新成果，确保竞争对手无法直接复制或模仿。

技术积累是企业长期研发投入和创新活动的成果。通过不断改进和优化产品或服务，企业可以建立起独特的技术优势，使竞争对手难以企及。这种技术积累不仅包括技术上的创新，还包括对市场需求和客户反馈的深入了解，以提供更具竞争力的解决方案。

品牌建设是企业在市场中树立良好声誉和形象的过程。通过有效的品牌营销和推广，企业可以建立起消费者对其产品或服务的认同和信任。一个强大的品牌可以为企业带来竞争优势，因为消费者更倾向于选择他们熟悉和信赖的品牌。此外，品牌还能赋予企业市场定价的灵活性，使其能够以更高的价格销售产品或服务。

为了提升核心竞争力，企业可以采取以下方式：

首先，提升企业的运营效率和成本控制能力，是企业追求和保持竞争优势的重要方式。通过优化运营流程、提高生产效率和降低成本，企业能够提供更具竞争力的价格和更优质的服务，从而在市场中占据更大的份额。

通过精细化管理和优化生产流程，企业能够减少资源浪费，节约时间成本，提高生产效率。同时，合理配置人力资源和设备资源，避免产能过剩或不足的情况发生，能进一步提高生产效率。这样一来，企业就能够以更低的成本生产出更多的产品，从而提供更具竞争力的价格。

其次，通过建立完善的客户服务体系并提供优质的售后服务，企业能够增强客户的满意度和忠诚度。同时，及时收集和分析客户反馈，不断改进产品和服务，以满足客户的需求和期望。这样，企业就能够在市场中积累良好的口碑，吸引更多的客户选择自己的产品或服务。

最后，通过优化运营，企业能够提升自身的竞争力。在竞争激烈的市场环境中，企业需要不断创新和改进，以适应不断变化的市场需求。通过优化运营，企业能够更好地把握市场机遇，迅速响应市场需求，推出更具竞争力的产品或服务。同时，通过提高运营效率和降低成本，企业能够获得更高的利润率，进一步提升自身的竞争力。

在保持核心竞争力的同时，企业应及时了解市场和行业的变化趋势。这需要企业时刻保持警惕，对市场的动态进行深入的研究和分析，以便能够抓住各种潜在的机遇。

这种适应性调整可能涉及企业的业务策略、产品或服务、营销策略等多个方面。如果发现市场上出现了新的竞争对手，企业可能需要调整定价策略，以吸引更多的客户。如果发现消费者的需求发生了变化，企业可能需要开发新的产品或服务，以满足这些变化的需求。

通过紧密关注市场和行业动态，企业可以保持敏锐的洞察力。这意味着企业能够快速识别市场变化并及时做出反应。这种敏锐的洞察力是企业保持竞争优势的关键。企业只有快速适应市场变化，才能在激烈的竞争中保持领先地位。

寻寻觅觅，机会总会有的

现如今，在竞争激烈的市场环境中，成功的机会变得越来越少。有些人认为，在这样的环境下选择创业，就如同踏上一条充满挑战的道路，成功的可能性微乎其微。他们对于市场的担忧并非没有根据。在当前的经济环境中，确实存在诸多挑战，这些挑战使得许多行业都承受着巨大的压力。但这并不意味着创业就一定会失败；相反，这正是一个考验创业者勇气和智慧的时刻。

我们需要认识到的是，市场永远不会达到真正的饱和。这意味着，市场上总有新的机会等待我们去发掘。尽管当前的经济环境可能给创业者带来了一定的困难，但这并不意味着我们应该放弃创业的梦想。相反，我们应该更加努力地去适应市场的变化，寻找新的商机，以便在竞争激烈的市场中崭露头角。

随着社会的不断发展和变化，新的需求和机会也在不断涌现。初创企业可以通过创新、差异化、灵活性和敏捷性等优势，抓住市场的机会，并迅速适应市场的变化。此外，随着科技的进步和经济全球化的发展，初创企业还可以通过拓展国际市场来寻找更多的机会。因此，只要初创企业能够保持敏锐的市场洞察力和灵活的战略调整能力，就能够在竞争中找到自己的立足之地。

初创企业作为市场的新生力量，具有独特的优势和机遇。首先，创新是初创企业的核心竞争力之一。通过不断研发新产品、新技术和新服务，初创企业能够满足市场上的新需求，赢得消费者的青睐。其次，差异化是初创企业在竞争激烈的市场中脱颖而出的关键。通过提供独特的产品或服务，初创企业能够在市场中建立起自己的品牌形象，吸引更多的客户。再次，灵活性和敏捷性也是初创企业的优势所在。相比于传统企业，初创企业能够更快地做出决策和调整策略，以适应市场的变化。

随着经济全球化的发展，国际市场为企业提供了更广阔的发展空间。初创企业可以通过深入了解不同国家和地区的市场需求和文化差异，制定相应的市场策略，开辟新的市场。同时，科技的进步也为初创企业提供了更多的国际化机会。通过利用互联网和数字技术，初创企业可以跨越地域限制，与全球范围内的客户进行交流和合作。

除此之外，随着科技的不断进步，新的技术和创新不断涌现，为创业者提供了更多的选择和可能性。比如，人工智能、大数据、物联网、区块链等新兴技术领域都具有巨大的创业潜力。这些技术的应用可以改变传统行业的运作方式，创造新的商业模式和市场机会。

未来科技发展的趋势和创业机会：

人工智能（AI）

区块链技术

物联网（IoT）

生物技术

清洁能源和可持续发展

虚拟现实（VR）和增强现实（AR）

在人工智能领域，创业者可以利用机器学习和深度学习算法开发出如智能助手、智能家居系统等产品，以提供更便捷、智能化的服务。大数据技术可以帮助企业深入分析用户行为和市场趋势，优化产品和服务，提高竞争力。物联网技术可以实现设备之间的互联互通，构建智能城市、智能工厂等，提高效率和资源利用率。区块链技术可以提供一种去中心化的信任机制，应用于金融、供应链等领域，有助于降低交易成本和风险。

此外，随着社会的发展和人们对更高生活品质的追求，消费升级、健康、环保、教育、文化创意等领域也都存在丰富的创业机会。创业者可以结合自身的兴趣和专长，关注科技发展的前沿领域，以寻找到适合自己的创业机会。

在消费升级方面，创业者可以开发出高品质、个性化的产品和服务，满足消费者对品质生活的追求。健康领域是一个快速发展的领域，创业者可以开发健康管理平台、智能医疗设备等，以提供更好的健康管理服务。环保领域的创业机会包括可再生能源、废物处理等，创业者可以通过创新技术和商业模式解决环境问题。教育领域的创业机会包括在线教育、个性化教育等，创业者可以利用科技手段提高教育质量和效率。文化创意领域的创业机会包括数字娱乐、文化旅游等，创业者可以通过提供创新的内容和体验来吸引消费者。

另外，随着环境问题的日益突出，清洁能源和可持续发展已经成为全球关注的焦点。在这个背景下，创业者可以关注可再生能源、能源储存、节能环保等领域，开发出具有环保意识和商业价值的解决方案。

具体来说，太阳能、风能、水能等可再生能源因其清洁、可再生的特点，可以减少对传统化石能源的依赖，降低温室气体排放。创业者可以研发和推广太阳能发电系统、风力发电设备等可再生能源技术，为社会提供清洁能源解决方案。

再者，能源储存是实现可再生能源大规模应用的关键。由于可再生能源如太阳能和风能的间歇性，因此能源储存技术的发展对于平衡供需关系至关重要。创业者可以研究和开发高效的储能技术，如电池储能、压缩空气储能等，为可再生能源的稳定供应提供支持。

同时，节能环保也是创业者可以关注的领域。在生产和生活中，节能减排是减少资源消耗和环境污染的重要手段。创业者可以开发节能灯具、智能家居系统等节能环保产品，以提高能源利用效率，减少能源浪费。此外，也可以推广绿色建筑、低碳交通等节能环保理念，促进社会的可持续发展。

再持久一点

简单来说，初创企业的可持续性主要指的是企业的生存和发展能力。这包括两个方面：一是企业要能够长期生存下去，也就是"活得长"；二是企业要能够在长期生存的基础上，持续发展和壮大，也就是"活得好"。

首先，"活得长"要求企业有稳定的收入来源和良好的赢利能力，以保证企业的基本运营和持续发展。这需要企业在市场定位、产品开发、营销策略等方面做出正确的决策，以满足市场需求，获取足够的利润。同时，企业还需要有良好的财务管理，以保持健康的财务状况，避免因资金问题而陷入危机。

其次，"活得好"则要求企业要有持续的创新能力和发展动力。在激烈的市场竞争中，只有不断创新，才能保持企业的竞争优势，实现持续发展。这需要企业建立有效的研发机制，鼓励员工的创新思维，投入足够的资源进行产品研发和技术升级。同时，企业还需要有明确的发展战略，以指导企业长期发展。

企业要想"活得长"与"活得好"，可以从以下几个方面入手。

第一，要重构商业模式。随着市场和技术的持续变化，初创企业需要不断调整和优化自己的商业模式，以便更好地适应新的市场需求和发展趋势。在这个过程中，企业可能需要采取一系列措施，包括但不限于改变产品定位、开拓新的市场领域以及引入新的收入来源等。

随着消费者需求的变化和竞争对手的出现，企业可能需要重新审视自己的产品定位，以确保其能够满足目标客户群体的需求。这意味着要对产品的功能、设计和定价进行合理调整，以便在激烈的市场竞争中脱颖而出。

随着市场的不断发展，企业需要不断寻找新的增长点，以实现可持续发展。这可能包括进入新的地域市场、拓展新的行业应用或者开发新的产品线等。通过开拓新的市场领域，企业可以减少对单一市场的依赖，提高自身的抗风险能力。

同时，在市场和技术不断变化的背景下，企业需要寻求多元化的收入来源，以减轻对某一特定收入来源的依赖。这可能包括开发新的服务或产品、与其他企业进行合作或者利用现有资源开展新的业务等。通过引入新的收入来源，企业可以提高自身的赢利能力和市场竞争力。

第二，要建立良好的品牌与声誉。良好的品牌和声誉不仅仅是为了吸引新客户，更重要的是在竞争激烈的市场中脱颖而出。在一个充满竞争的商业环境中，消费者往往会选择那些有良好口碑和信誉的企业。因此，初创企业应注重提升自己的品牌形象，树立起可靠、专业和值得信赖的形象。

此外，良好的品牌和声誉还可以吸引更多的客户和合作伙伴。当企业在市场上建立起良好的声誉时，其他潜在客户和合作伙伴会更愿意与其合作。这是因为他们相信这个企业能够提供高质量的产品和优质的服务。

第三，建立有效的管理体系。对于初创企业来说，建立一套有效的管理体系也是至关重要的。这不仅包括对企业资源的合理规划和分配，还包括对企业运营和发展的全面把控。只有这样，企业才能在激烈的市场竞争中立于不败之地。

重构商业模式包括以下几点：

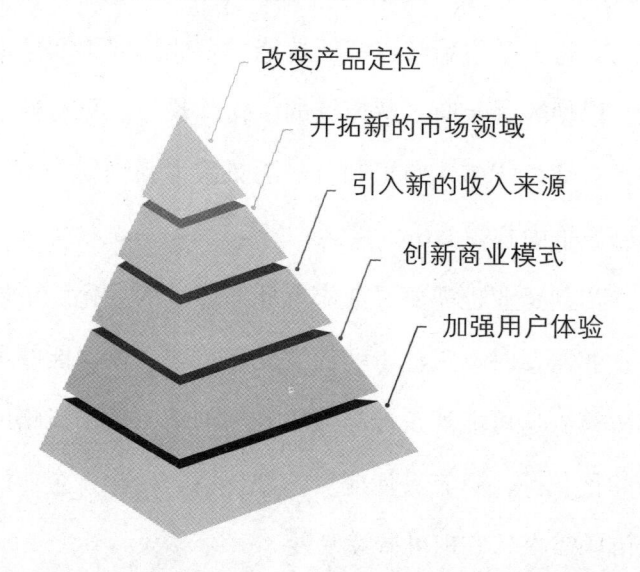

改变产品定位

开拓新的市场领域

引入新的收入来源

创新商业模式

加强用户体验

企业需要对自身的资源进行详细的分析和评估，明确企业的核心竞争力，以此为基础制定出合理的战略规划。这包括对企业的资金、人力、技术等资源的合理配置，以及对市场趋势的准确把握。只有明确了企业的发展方向，才能更好地利用资源推动企业的发展。

企业需要建立一支高效的团队。一支优秀的团队是企业发展的重要支撑。企业需要吸引和留住那些具有专业技能和创新精神的人才，让他们在团队中发挥出最大的价值。同时，企业还需要建立一套完善的激励机制，让员工看到自己的努力都能获得应有的回报，从而激发他们更加积极地投入工作。

企业需要不断学习和创新，以适应不断变化的市场环境。无论是在管理方式上，还是在产品和服务上，企业都需要保持开放的心态，勇于尝试新的事物，以此来提升企业的竞争力。

第四，要持续学习新知识和新技能。企业需要不断学习新的知识和技能，以便能够及时了解市场的变化和趋势。只有通过不断学习和适应，企业才能够不断提升自身的竞争力和创新能力，从而在激烈的市场竞争中脱颖而出。

同时，初创企业也需要灵活应对外部环境的变化。市场环境不断变化，企业需要时刻关注市场的变化和趋势，以便能够做出相应的调整和决策。这可能涉及产品或服务的创新、营销策略的调整、组织结构的优化等。只有灵活应对外部环境的变化，企业才能够更好地适应市场需求，实现可持续发展。

第五，要强化资金管理和可持续发展。资金的有效管理是至关重要的一环。这不仅能够确保企业的正常运营，还能够为企业的长远发展提供保障。因此，初创企业需要采取一系列的措施来有效管理资金，以确保企业的可持续发展。

首先，合理规划和控制成本是初创企业资金管理的基础。企业需要根据自身的经营状况和市场环境，制订出合理的预算计划，并对各项成本进行严格的控制。这包括对人力资源、物资采购、市场营销等方面的成本进行精细化管理，以降低企业的运营成本，提高资金的使用效率。

其次，寻找可持续的资金来源也是初创企业资金管理的重要环节。这主要通过投资和融资等方式来实现。投资可以帮助企业扩大规模，提高赢利能力，从而为企业的持续发展提供更多的资金支持。而融资则可以帮助企业在短期内解决资金短缺问题，为企业的稳步发展提供短期的资金支持。

第六，要推动可持续发展。企业需要积极参与各种社会公益活动，以践行并推动可持续发展的理念。这样做不仅有助于企业在社会中树立良好的形象，还能获得社会的广泛支持和认可。作为一家新兴的企业，你不仅要追求经济效益，还要考虑自身对社会和环境的影响。

一是通过积极参与社会公益活动，企业可以回馈社会，帮助解决一些社会问题，如教育、环境保护等。这种正面的行为将使企业在社会中建立良好的声誉和形象。

二是参与社会公益活动有助于传播可持续发展的理念并推动其实践。可持续发展是指在满足当前需求的同时，不损害未来世代满足其需求的能力。初创企业可以通过参与环保项目、推广绿色技术等方式，积极推动可持续发展的落实。这不仅有助于保护环境，减少资源浪费，还能为企业带来长期的商业机遇。

三是积极参与社会公益活动还能获得社会的支持和认可。在当今社会，越来越多的消费者开始关注企业的社会责任表现。他们更愿意选择那些积极履行社会责任的企业进行合作或消费。因此，初创企业通过参与社会公益活动，可以获得更多消费者的支持和认可，从而提升企业的竞争力和扩大市场份额。

为"社会火箭"助燃

随着经济的持续发展和社会的不断进步,初创企业以其创新的精神和活力,为社会注入了许多新的机会和动力。可以说,初创企业在推动社会发展方面扮演着重要角色。

在竞争激烈的商业环境中,作为新兴企业,初创企业通常需要吸纳大量的人才和劳动力来支持其业务发展。他们提供了新的就业岗位,为社会中的求职者提供了更多的工作机会。这不仅降低了失业率,改善了就业状况,还促进了人力资源的合理配置和优化。

由于其创新性和灵活性,这些企业能够迅速适应市场需求并推出新产品或服务。要实现这一目标,它们需要拥有一支高素质的员工队伍。因此,初创企业通常会积极寻找并吸引各类优秀人才,包括技术专家、市场营销人员、财务人员等。

通过吸纳大量的人才和劳动力,初创企业不仅能够推动自身的业务快速发展,还能够为社会带来诸多益处。显而易见的是,它们创造了更多的就业机会,为求职者,特别是每年涌入社会的大学毕业生,提供了更多的选择。这有助于降低失业率,提高整体就业水平，从而促进社会的稳定和繁荣。

同时，初创企业的兴起也推动了人力资源的合理配置和优化。由于这些企业通常处于快速发展阶段，他们需要不断调整和优化员工队伍，以适应不断变化的市场需求。这不仅促使企业更加注重员工的培训和个人成长，也在一定程度上提高了员工的专业素质和技能水平。此外，初创企业也为员工提供了更多的晋升空间和发展机会，激发了他们的工作热情和创新能力。

再者，初创企业的兴起还有助于推动整个经济的创新和发展。这些企业通常具有创新意识和创业精神，他们不断推出新产品或服务，引领市场的变革和发展。通过吸纳大量的人才和劳动力，初创企业能够更好地发挥创新的力量，推动经济的持续增长和社会的进步。

初创企业的发展为经济增长注入了新的活力。这些新兴企业通常具备创新的精神和技术优势，他们致力于开发新产品、新服务和新技术。通过不断创新，初创企业不仅满足了市场的需求，还创造了新的商机，推动了经济的增长。

当然，初创企业的成功故事也激发了更多人投身于创业的浪潮中。看到初创企业在市场中取得的巨大成功，许多人开始意识到创业的价值和潜力。这种创业热情进一步推动了创业活动的繁荣，为社会创造了更多的就业机会和经济增长点，形成了一个良性循环。

初创企业的创新精神和技术优势是其成功的关键。他们不断追求新的商业模式和技术创新，以满足市场需求的不断变化。通过开发新产品和新服务,初创企业能够提供更高效、便捷、个性化的解决方案,满足消费者对品质和服务的追求。同时,初创企业在技术领域也进行持续的研发和创新,推动了整个行业的发展。

初创企业的创新不仅带来了经济效益,还对社会产生了积极的影响。他们的创新活动促进了产业升级和转型,推动了传统产业的变革和优化。同时,初创企业的兴起也为年轻人提供了更多创业的机会,激发了他们的创造力和创业激情。这不仅有助于培养新一代的创业者,也为社会的可持续发展注入了新的活力。

初创企业对社会的贡献

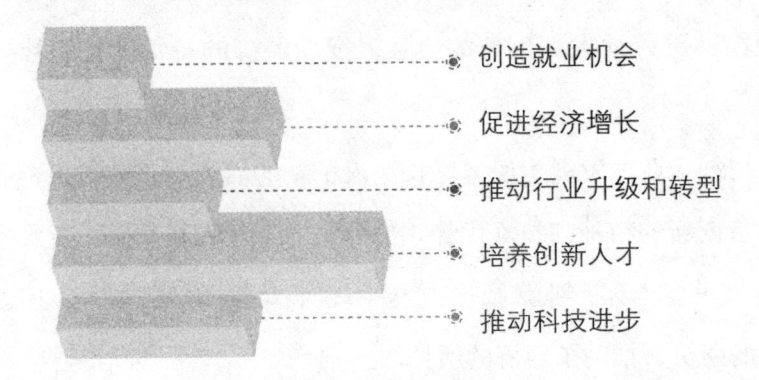

- 创造就业机会
- 促进经济增长
- 推动行业升级和转型
- 培养创新人才
- 推动科技进步

最重要的一点是,初创企业是创新驱动的重要力量。他们通过引入新的商业模式、技术和管理方法,为产业升级和转型提供了源源不断的动力。由于初创企业通常涉足新兴产业和领域,他们的发展壮大可以有效地推动传统产业的升级和转型。

在硬科技、人工智能、环保等领域,初创企业的创新成果对社会的发展具有重要意义。硬科技是指那些以基础科学和工程为核心，具有高技术含量和高附加值的产业。初创企业在硬科技领域的创新，可以为相关产业提供更尖端、高效的技术支持，从而提高整个产业的竞争力。

以人工智能为例，作为当今科技发展的前沿方向，初创企业在这一领域的创新，为各行各业提供智能化的解决方案，不仅提升了生产效率，降低了成本，还极大地改善了用户体验。同时，初创企业在人工智能领域的研究也在推动相关技术的不断进步，为未来人工智能的发展奠定了基础。

环保也是近年来备受全球瞩目的重要议题，初创企业在环保领域的创新，为解决环境问题提供了新的思路和方法。比如，他们通过研发新型环保材料、节能技术等，降低污染物排放，提高资源利用效率，从而为保护地球家园做出积极的贡献。

此外，政府对新兴创业企业的政策性支持无疑也是推动社会进步和发展的重要因素。政府制定了一系列有利于初创企业发展的政策，并为此提供必要的资金支持，以此鼓励和扶持这些企业的成长。

以国家中小企业发展基金的设立为例，这个基金的成立为初创企业提供了重要的融资渠道，使得这些企业在面临资金短缺问题时能够得到及时的援助。同时，这也为初创企业提供了一个展示自身实力和潜力的平台，使得它们更容易吸引投资者的关注和支持。

再者，《中华人民共和国中小企业促进法》的实施也为初创企业的发展提供了有力的法律保障。该法律明确了政府对中小企业的各项扶持政策，包括税收优惠、贷款担保、技术创新支持等，为初创企业的发展创造了一个良好的外部环境。

  这些政策的出台，无疑为初创企业提供了更好的发展环境和更多的发展机会。这不仅有助于提高初创企业的成功率，也有助于推动社会经济的快速发展。

第五章 洞察人性

我们天生就会规避风险

人类天生就具有规避风险的本能，这种本能在漫长的进化过程中逐渐形成。规避风险，是一种自我保护的机制，使我们能够避免潜在的危险和损失。无疑，这种本能在商业领域中也起到了重要的作用。

对于那些刚刚崭露头角的创业型公司，他们所研发的产品或提供的服务，还没有在市场中得到广泛的传播和认知。因此，如何成功吸引并聚集起第一批顾客显得尤为重要。

在商业活动中，风险是无法完全避免的，但人们通常会尽量减少风险以保护自己的利益。这种本能驱使人们在做出决策时考虑各种可能的风险和不确定性，并采取相应的措施来降低风险。

在商业中，企业和消费者都会考虑风险因素。企业会通过市场调研、风险评估和制定风险管理策略来降低经营风险，而消费者则会通过选择可靠的品牌、购买有质量保证的产品、寻求售后服务和退款政策等方式来规避购买风险。因此，这两者处于相互博弈的状态，谁能率先打破这种平衡，谁就拥有了主动权。对于大型企业而言，它完全可以通过庞大的市场储备（如先前的口碑、庞大的粉丝数量等）来支持新产品，但对于初创企业来讲，这往往是一项挑战。

比如，当消费者在市面上看到一款全新的产品时，他们可能对这款产品并没有进行过深入的了解和研究。在这种情况下，消费者对于产品的性能、品质以及适用性等方面都可能存在一些疑问和不确定性。

企业在对外进行广告宣传时，需要一定的时间来让市场和消费者了解和接受他们的产品。这个过程可能会涉及产品的推广、品牌的宣传、市场的开拓等多个环节。在这个过程中，企业需要投入大量的人力、物力和财力，而且结果也并不一定会如预期那样顺利。

然而，在这个关键的时刻，当消费者对企业的产品或服务都心存怀疑的时候，企业的相关人员还是一味地向顾客宣传产品或服务的功效与性价比，这并非最明智的选择。因为这样做可能会让消费者觉得企业的宣传过于夸大，甚至可能会引发消费者的反感和抵触情绪。

相反，企业应更加关注消费者的需求和疑虑，帮助潜在的消费者打消心中的顾虑才是关键。人们常常会对风险和不确定性感到担忧，这种担忧可能源于对未知的恐惧，也可能源于对可能出现的负面结果的担忧。无论是购买新的产品还是选择新的服务，消费者都可能会因为担心无法达到预期的效果或服务质量不佳而犹豫不决。

第五章 洞察人性

为了消除消费者的这种担忧，企业（商家）通常会采取一系列措施来增强消费者对产品或服务的信任感。

第一，提供质量保证。这意味着，如果产品在使用过程中出现问题，或者服务没有达到预期的效果，消费者可以要求商家进行修复或者退款。这种保证给消费者带来了更大的安全感，因为他们知道，一旦出现问题，将不会独自承担全部的损失。

第二，提供完善的售后服务，包括产品的维修、保养，以及解答消费者在使用产品过程中遇到的问题。有了优质的售后服务，消费者在使用产品的过程中遇到任何问题都可以得到及时的解决，这也会大大增加他们对产品的信任度。

如何让顾客买得放心：

- 提供完善的售后服务
- 提供质量保证
- 提供退款政策
- 提供试用期或免费试用

第三，提供退款政策。这意味着，如果消费者对产品或服务不满意，他们可以选择退款。这种政策让消费者感到更加放心，因为

他们知道，即使做出了错误的购买决策，也不会承受全部的损失。

第四，提供试用期或免费试用。通过积极有效的营销策略和精心设计的试用政策，创业公司能够吸引更多的潜在消费者，并逐步建立起稳定且忠诚的用户群体。在试用期内，消费者可以深入了解产品的特性和功能，从而评估该产品是否能够满足自身的需求。这种亲身体验有助于增强消费者对产品的信任和满意度。提供试用期或免费试用还可以帮助创业公司收集宝贵的用户反馈。顾客在使用产品的过程中，可能会遇到问题或提出建议，这些反馈对于创业公司来说是非常有价值的。通过及时回应顾客的反馈并进行相应的改进，创业公司可以不断提升产品的质量和用户体验，从而更好地满足市场需求。提供试用期或免费试用还可以帮助创业公司进行市场验证。通过观察顾客在试用期内的使用行为和反馈，创业公司可以了解产品的受欢迎程度和市场潜力。如果试用期内的反馈和数据表现良好，那么创业公司可以更加有信心地推广产品和扩大市场份额。相反，如果试用期内的反馈不佳，创业公司可以及时调整策略或改进产品，以减少潜在的损失。

简言之，创业公司在这个特定的时刻所采取的行动和决策，都应该以"为顾客提供全方位的产品体验和服务保障"为出发点。这意味着公司需要深入了解顾客的需求和疑虑，以便制定出切实可行的策略来打消他们的顾虑。

我们天生就有点"惰"

其实，我们天生就带有一定的"惰性"，这并不是夸大其词，而是经过千百万年的生物演化与发展的结果。

首先，从生物学的角度来看，人类的大脑会自动寻找节省能量的方式，这是为了确保我们的生存和繁衍。这是一种进化的结果，目的是避免不必要的能量消耗。换句话说，我们的大脑会自然地选择最省力的方式来完成任务，这是一种生存策略。

其次，人类对于未知和不确定性往往感到不安，因此我们更倾向于选择安逸和舒适的状态，而不是主动去面对挑战和付出努力。这是因为在人们的潜意识里，安逸和舒适意味着安全，而面对挑战和付出努力则可能带来风险。

此外，现代社会的便利性和高效性也使人们更容易陷入惰怠的状态。在这个信息爆炸的时代，许多任务和需求都可以通过便捷的方式满足。比如，我们可以通过网络购物、外卖服务等方式，轻松解决生活中的各种需求，这无疑增加了我们的惰怠倾向。

鉴于此，企业在设计产品与提供服务时，应充分考虑到人性的这一特点，避免将产品设计得过于复杂。当消费者觉得产品使用起来很麻烦时，他们多半会选择放弃。

一方面，复杂的产品设计可能会给消费者带来迷茫和挫败感。当消费者面对功能繁多的产品时，他们可能会感到不知所措，不知道如何正确地使用它。这种迷茫可能导致消费者对产品失去兴趣，甚至放弃购买和使用。

另一方面，复杂的产品设计可能会增加消费者的使用成本。如果产品需要用户花费大量的时间和精力去学习和掌握，那么消费者可能会觉得不值得投入这样的成本。相反，简单易用的产品可以节省用户的时间和精力，提高他们的满意度并增强忠诚度。

此外，复杂的产品设计还可能增加产品的维修和维护成本。若产品出现问题，用户可能需要寻求专业的技术支持或维修服务，这无疑会给用户带来额外的经济负担和不便。而简单易用的产品通常更容易维护和修理，减少了用户的麻烦和费用。

最重要的是，复杂的产品违背人的天性。

在现代社会中，人们总是倾向于选择最简单、最方便的方式来满足自己的各种需求。随着生活节奏的加快，人们越来越重视时间的价值，希望能够用最少的时间和精力去完成更多的事情。如果你的产品或服务能够提供便捷的解决方案，让用户用最小的努力就能获得更好的效果，那么你就有很大的可能性吸引更多的用户。

以美团和饿了么等外卖平台为例，它们通过提供在线订餐和送餐服务，满足了人们对于美食的需求。在过去，人们需要亲自下厨

第五章　洞察人性

烹饪，或者外出就餐，这都需要花费不少时间和精力。而现在，只需要动动手指，就可以在手机上点餐，然后等待美食送到家门口。这种便捷的方式大大节省了人们的时间和精力，使人们可以有更多的时间去做自己喜欢的事情。

这些外卖平台还提供了丰富的菜品选择，满足了不同人的口味需求。无论是川菜、粤菜还是西餐、日餐，都可以在这些平台上找到。不仅如此，这些平台还会定期推出优惠活动，让用户可以以更低的价格享受到美食。

当人们面对复杂烦琐的流程和操作时，他们往往会感到疲惫不堪，甚至产生厌倦的情绪。因此，为了吸引更多的用户，许多企业和产品都在努力简化他们的流程和操作。

以支付宝和微信支付为例，这两种通过引入扫码支付的方式，成功地简化了传统的支付流程。在过去，我们需要携带现金或银行卡，到银行或 ATM 机进行取款或转账，这个过程既烦琐又耗时。而现在，我们只需使用支付宝或微信扫描商家提供的二维码，就可以轻松完成支付。这种简化后的支付方式显著提升了支付的效率和便利性。

人们天生就渴望被他人关注，同时也希望自己的想法和需求能够被他人理解，这也可以被视为一种"惰怠"的表现，因为主动去探索，去了解他人需要耗费一定的成本，而等待别人的理解则不需要自己付出额外的精力。为了满足这种需求，提供个性化推荐和定制化服务成为一种有效的策略。这种方式不仅可以满足人们的需求，还可以增强人们对产品或服务的忠诚度，使人们更愿意长期使用。

顺应人性的"惰"，企业在设计产品时需注意：

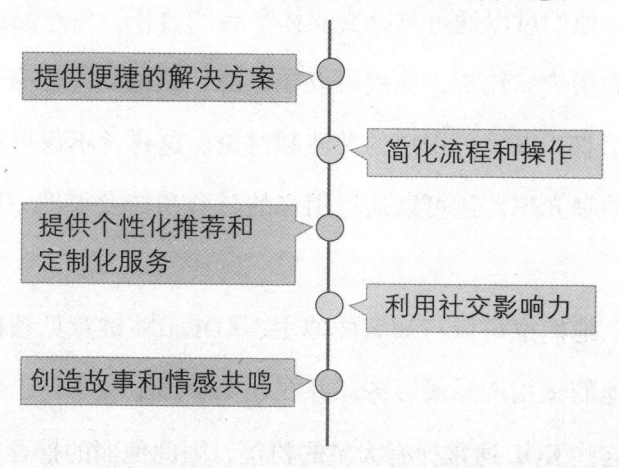

- 提供便捷的解决方案
- 简化流程和操作
- 提供个性化推荐和定制化服务
- 利用社交影响力
- 创造故事和情感共鸣

以电商平台为例，这些平台会根据用户的浏览历史和购买记录，推荐符合他们兴趣和偏好的商品。这样做的好处是，用户在浏览商品时，可以看到更多他们可能感兴趣的商品，从而提高他们的购买满意度和购物体验。同时，这也有助于提高商品的销售转化率，因为用户看到的商品都是他们可能感兴趣的，所以他们更有可能进行购买。

此外，定制化服务也是一种满足用户需求的有效方式。比如，一些电商平台会提供定制服务，让用户可以根据自己的需求定制商品。这样一来，用户不仅可以买到符合自己需求的商品，还可以享受到独一无二的购物体验。

人们的行为和决策往往会受到他人的影响。这种影响可能来自

第五章　洞察人性

他们的亲朋好友，也可能来自社交媒体上的公众人物。因此，企业和个人可以巧妙地利用这种社交影响力来提升自己的知名度和吸引力。

首先，他们可以通过与社交媒体平台的合作，将产品或服务推广给大量的用户。比如，他们可以在微博、微信、抖音等平台上发布相关的信息，以吸引用户的关注和讨论。这样，不仅可以增加产品或服务的曝光率，还可以通过用户的分享和转发来进一步扩大其影响力。

其次，他们也可以与知名的博主、KOL（关键意见领袖）等合作，邀请他们试用产品或服务，并在社交媒体上分享自己的使用体验。由于这些KOL通常拥有大量的粉丝，因此他们的推荐往往能产生巨大的影响力，进而提升产品或服务的知名度和吸引力。

最后，他们还可以将产品或服务与受欢迎的人物或品牌联系起来。比如，他们可以邀请明星代言或与热门的电影、电视剧进行联名合作。这样不仅可以借助这些人物或品牌的知名度，还可以通过他们的粉丝群体来进一步扩大产品或服务的影响力。

总而言之，"惰怠"并非全然是坏事，但企业在设计产品时不能忽视人性的这一显著特点。

我们要简化购物流程

人性的一个特点，就是思考的深度和广度常常超出了实际的需求。我们总是会对一件事情进行反复的思考，试图从各个角度去理解和解读它。我们会设想各种可能的结果，预测未来的发展，甚至会构思一些极端的情况。

人类具有天生的求生本能，而过度的思考和分析有助于我们预判潜在的危险和风险，以更好地保护自己和确保生存。这种思考的多样性可以帮助我们在面对不确定的环境和情况时做出更明智的决策。

在远古时期，这种思维习惯是利大于弊。但是在现代商业社会，人性的这一特点会让人犹豫不决并错失良机，同时也增加了企业向更广泛市场推广产品的难度。

鉴于此，企业在设计产品或服务时应遵循以下原则。这些原则的目的就是简化消费者的决策进程，减少他们与产品之间的中间环节。

第一，"一键下单"。在当今的数字化时代，许多在线购物平台和外卖平台都为消费者提供了便捷的一键下单功能。这个功能的出现，极大地简化了消费者的购物流程，使得他们能够更加轻松地完成购买或订餐。

具体来说，消费者只需在平台上找到自己需要的商品或餐厅，点击一次按钮，就可以完成整个购买或订餐流程。这包括自动填写个人信息、选择商品或菜品、确认订单等一系列原本需要消费者手动完成的烦琐步骤。

一键下单功能不仅为消费者节省了大量的时间和精力，还显著提升了购物体验。此外，它也有助于更好地保护消费者的个人信息。在传统的购物流程中，消费者需要提供大量的个人信息，如姓名、地址、电话号码等敏感信息，这些信息如果被不法分子获取，可能会给消费者带来损失。而一键下单功能能通过减少信息输入环节，有效地降低了这一风险。

第二，"智能推荐"。许多电商平台和流媒体平台已开始采用智能推荐算法来提升用户体验。这些平台深入剖析消费者的购买记录或观看数据，精准推送相关的商品或内容，从而显著降低消费者的选择难度。

随着电商平台的快速发展，消费者面临的商品选择日益丰富。然而，选择的增多也常会导致消费者的迷茫和疲惫。为了解决这个问题，许多电商平台开始利用智能推荐算法来辅助消费者做出更好的决策。这些算法会根据消费者的购买历史、浏览习惯以及与其他用户的相似性等因素，推送与消费者兴趣相符的商品。通过这种方式，消费者可以更快地找到自己感兴趣的商品，节省了时间和精力。

流媒体平台同样采用了类似的智能推荐算法。在流媒体领域，消费者可以通过观看电影、电视剧、短视频等内容来获得娱乐和放松。然而，由于内容的多样性，消费者往往难以抉择。为了解决这个问题，许多流媒体平台开始使用智能推荐算法，根据消费者的观看历史和偏好，推送他们可能感兴趣的视频内容。这些算法会分析消费者的观看记录、评分、评论等信息，以洞察用户的兴趣和喜好。基于这些数据，智能推荐算法精准推送，从而大幅提升用户的观看体验和满意度。

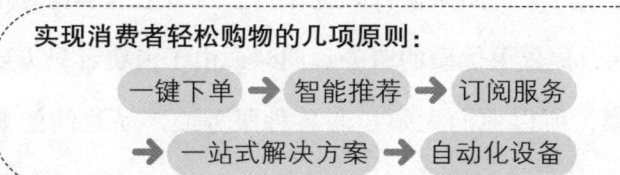

> 实现消费者轻松购物的几项原则：
> 一键下单 → 智能推荐 → 订阅服务
> → 一站式解决方案 → 自动化设备

第三，"订阅服务"。许多公司都提供订阅服务，这种服务模式为消费者带来了极大的便利。比如，一些公司会提供定期送货的服务，消费者只需一次性设置好所需商品和送货的频率，之后便可以享受自动化的送货服务，省去了反复思考和决策的麻烦。同样，还有一些公司提供定期付费观看电影或收听音乐的订阅服务。消费者只需一次性选定想要观看的电影或收听的音乐，并设置好付费的频率即可。

第四，"一站式解决方案"。这种解决方案的核心思想是将多个服务或产品整合在一起,形成一个全面、一体化的方案。这样一来,消费者在选择时只需选定这样一个解决方案,便能满足他们在多个方面的需求。

这种一站式解决方案的出现,极大地简化了消费者的选择过程。在过去,消费者可能需要分别寻找和比较各种不同的服务或产品,以满足他们的需求。这不仅消耗了消费者大量的时间和精力,而且在比较过程中可能会遇到各种困难和挑战。通过选择一站式解决方案,消费者可以一次性解决所有问题,有效节省了他们的时间和精力。

此外,一站式解决方案还有助于提高消费者的满意度。因为这种解决方案是由专业的团队设计和提供的,所以它能够更好地满足消费者的需求,提供更优质的服务。同时,由于消费者只需要选择一个解决方案,所以他们无须担心各种服务或产品之间的兼容性问题。

第五,"自动化设备"。随着科技的不断进步,越来越多的自动化设备进入了我们的生活,为我们的日常生活带来了极大的便利。比如,自动售货机和自助结账机等,这些设备的出现使得消费者在购买商品或结账时不再完全依赖人工服务,消费者只需进行简单的操作就能完成整个过程。这不仅大大降低了对人工服务的需求,也缩短了消费者的等待时间,提高了购物效率。

总而言之,制定以上原则的目的就是简化消费者购买产品或服务的流程,让他们少操心,从而缩短消费者与企业之间的距离。

我们都需要社交

人类天生具有社交需求。

社交能够满足我们的情感和认知需求，帮助我们建立和维护人际关系，并让我们获得支持、理解和归属感。通过与他人建立联系、交流和互动，我们可以分享喜悦、倾吐忧虑和痛苦，得到他人的理解、安慰和支持。

除此之外，社交还可以帮助我们扩展视野、获取新知识，并从他人的反馈中不断调整和改进自己的行为和思维方式。社交关系对于我们的心理健康至关重要，它们能够给予我们归属感和自我认同，让我们感受到被接纳和重视的感觉。因此，人之所以总是想得很多，一部分原因也是为了满足这种社交需求，与他人建立联系、交流和互动，从而获得情感和认知上的满足。因此，抓住人们的这一天性，商业也可以做许多事情。

第一，社交娱乐。针对年轻人的社交需求，购物中心和娱乐场所开始创造具有社交属性的新型休闲娱乐方式。剧本杀是一种角色扮演游戏，很受年轻人的喜欢。参与者在特定场景中扮演不同角色，通过推理和互动解决谜题。这种游戏形式既可以促进参与者之间的合作和交流，也可以满足年轻人对社交互动的需求。

围绕人的社交天性，企业可以选择：

社交娱乐　社交网络平台　兴趣社交平台　社交电商　社交化营销……

电竞馆是专门为电子竞技爱好者提供的场所，它配备了高性能电脑设备和网络环境，使得玩家能在同一空间内进行游戏对战。这种场所不仅为玩家提供了游戏的竞技体验，还提供了社交交流的机会，让他们能结识到志同道合的人，并实时进行游戏互动。

微醺经济则是一种融合了社交和饮酒文化的创新商业模式。一些酒吧、餐厅或咖啡馆提供微醺饮酒体验，让顾客在轻松饮酒的同时享受社交乐趣。这种模式注重提升社交体验，并追求高品质体验，深受年轻群体的喜爱。这些新兴休闲娱乐形式通过提供多维度的互动社交娱乐方式，不仅满足了年轻人对社交的渴望，也为商家带来了新的商业机遇。

第二，社交网络平台。人性的社交需求也促进了社交网络平台的快速发展。社交网络平台如微信、微博、抖音等通过提供社交功能和内容分享，满足了人们对社会交流和信息获取的需求。这些平台通过吸引用户的注意力和获取用户数据，实现商业变现。

广告是社交网络平台主要的商业变现方式之一。平台可以通过向广告主售卖广告位，让他们在用户的社交内容中展示广告，从而获得广告费用。

"付费内容"也是一种常见的商业模式。平台可以提供一些独家或高质量的内容，比如付费文章、音乐、视频等，用户需要支付一定费用才能获取这些内容。

"电商服务"也是社交网络平台的商业变现方式之一。平台可以与商家合作，提供购物功能，让用户可以直接在平台上购买商品或服务，平台从中获取一定的佣金。

通过这些商业变现方式，社交网络平台能够利用用户的社交需求和活跃度，吸引广告主和商家的关注，实现赢利。同时，用户也能够通过这些平台获得更多的社交互动和信息获取的机会。

第三，兴趣社交平台。针对年轻人的兴趣爱好和社交需求，一些大型互联网公司开始推出兴趣社交平台。这些平台旨在聚集具有相同兴趣爱好的用户，为他们提供一个便于社交互动和内容分享的空间。这样的平台使用户能够找到志趣相投的人，分享共同的兴趣和经验，进而建立社交关系。

兴趣社交平台为年轻人搭建了一个展示个人兴趣的舞台，使他们能够自由地表达自我、展示个性。对于年轻人而言，个人兴趣的表达和获得认同感非常重要，他们希望能够找到与自己兴趣相符的社交圈子，与志同道合的人深入交流。

同时，这些兴趣社交平台也为商家带来了精准的广告投放机会，并促进了商品销售。通过洞察用户的兴趣爱好和消费习惯，商家能够更精准地锁定目标用户群体，实现广告的精准投放。此外，商家还可以在这些平台上开设自己的店铺或推广产品，吸引用户进行购买。

第四，社交电商。社交电商是一种将社交和电商结合起来的新型商业模式。借助社交网络平台或兴趣社交平台，个人或小型商家可以利用社交推广和分享的方式来销售产品。这种模式充分满足了人们对社交购物和个性化推荐的需求。

在社交电商领域，个人或小型商家能够依托社交网络平台开设自己的店铺或宣传产品，通过社交互动和信息分享来吸引用户进行购买。利用社交网络的传播特点，产品信息可以迅速扩散，从而增加产品的曝光度和销售机会。同时，社交电商还提供了个性化推荐的功能，即通过分析用户的兴趣、社交联系和购买历史等数据，为用户精准推荐符合其个人兴趣和需求的产品，进而优化购物体验，提升用户购买满意度。

社交电商的独特优势在于成功地将购物与社交相结合，让用户在购物的同时享受社交互动和信息分享的乐趣。对于个人或小型商家来说，社交电商提供了一个低成本、高效率且获得高曝光度的销售渠道，还有助于他们拓展市场，提升销售额。

第五，社交化营销。在当今的商业环境中，许多企业已经认识到社交媒体的强大影响力，并将其作为一个重要的营销渠道。他们通过与用户进行互动和信息分享，不仅可以提高品牌的知名度，还可以增强用户的忠诚度。

社交化营销是一种新兴的营销策略，它的核心是利用社交平台与用户进行直接的、实时的交流和互动。这种营销方式的优势在于，它可以帮助企业更好地了解用户的需求和偏好，从而提供更符合用户需求的产品和服务。社交化营销的实现方式多种多样。

一是企业可以通过用户生成内容（UGC）来吸引并保持用户的关注。用户生成内容是指由用户自己创作并分享的内容，如用户的评论、照片、视频等。这些内容通常更能引起其他用户的共鸣，从而提升品牌的影响力。

二是企业也可以通过发布社交广告来推广自己的品牌和产品。社交广告是指在社交平台上发布的广告，它可以根据用户的兴趣和行为进行精准推送，从而提高广告的效果。

此外，企业还可以通过邀请明星或知名人士进行代言，来提升品牌的知名度和影响力。这种方式通常需要投入大量的资金，但如果操作得当，也可以带来显著的营销效果。

第六章 顺应人性

人的需求就像是攀登山峰

马斯洛需求层次理论，也被称为马斯洛需求曲线，是由美国心理学家亚伯拉罕·马斯洛在20世纪50年代提出的一种理论模型。这个理论模型的主要目的是阐述人类的需求层次和满足顺序。

马斯洛需求层次理论将人类的需求划分为5个层次，这5个层次从基本的生理需求开始，紧接着是安全需求、社交需求、尊重需求，最后是自我实现需求。这5个层次的需求是根据它们的重要性和优先级进行排序的。

根据这一理论，人们只有在满足了较低层次的需求后，如基本生理需求（如食物、水、住所等）之后，才会去追求更高层次的需求，如安全需求、社交需求、尊重需求和自我实现需求。如果这些基本需求未得到满足，人们可能会无暇顾及其他需求，而优先满足这些基本需求。

这个理论对于理解人类行为和满足人们的需求具有重要意义，也被广泛应用于心理学、市场营销和领导力开发等领域。

马斯洛需求层次理论在商业领域也得到了广泛的运用，比如在市场定位和目标群体选择上，它可以协助不同规模的企业确定他们的目标市场和目标消费者群体。

马斯洛需求层次理论：

- 自我实现需求
- 尊重需求
- 社交需求
- 安全需求
- 生理需求

对于处于生理需求层次的消费者，他们的主要关注点是基本的生存需求，如食物、水和住所。这类消费者可能对价格非常敏感，因为他们的首要目标是满足基本的生活需求。因此，针对这一层次的消费者，企业需要提供价格合理且能满足基本生活需求的产品或服务。

处于社交需求层次的消费者更关注建立和维护社交关系以及获得归属感。这些消费者可能会寻求那些能帮助他们建立社交网络或增强社区感的产品或服务。因此，企业可以通过提供具有社交功能的产品或服务来吸引这一层次的消费者。

处于自我实现需求层次的消费者，他们更关注个人成长和自我实现。这些消费者可能会寻求那些能帮助他们提升自我、实现个人目标的产品或服务。因此，企业可以通过提供具有教育性或挑战性的产品和服务来吸引这一层次的消费者。

通过理解消费者的需求层次，企业可以更好地定位自己的产品或服务，并选择最适合的目标群体。这样不仅可以更好地满足消费者的需求，还可以提供更具针对性的产品和服务，从而提高企业的市场竞争力。

马斯洛需求层次理论对于产品设计和创新也具有重要的指导意义。企业可以通过深入理解消费者的不同需求层次，从而设计出更具吸引力和竞争力的产品。

首先，对于满足消费者生理需求的产品，企业应该重点关注产品的实用性和基本功能，如食物、衣物、住房等。因此，企业需要确保其产品能够有效地满足这些基本需求，如食品的口感、衣物的舒适度、住房的实用性等。

其次，对于满足消费者社交需求的产品，企业应该注重用户体验和社交互动功能的设计。这类产品的主要目标是帮助消费者建立和维护社会关系，如提供社交网络服务、组织娱乐活动等。因此，企业需要使消费者能够更好地与他人进行交流和互动，如通过社交网络的好友推荐、设计多人参与的娱乐活动等。

通过根据不同需求层次进行产品设计，企业不仅可以更好地满足消费者的需求，提高产品的市场竞争力，还可以激发企业的创新思维。马斯洛的需求层次理论还可以帮助企业发现新的市场机会，以及满足消费者未被明确表达的需求。

最后，马斯洛需求层次理论也可以被企业用来制定有效的营销策略和传播方式。如果消费者主要关注生理需求，那么企业应强调产品的基本功能和实用性；如果消费者关注安全需求，那么企业应突出产品的可靠性和安全性；对于社交需求，企业应强调产品的社交功能和互动性；在尊重需求方面，企业应着重塑造产品的品牌形象和提升社会认可度；而对于自我实现需求，企业应注重产品的创新性和个性化。

企业还可以根据消费者的需求层次来确定传播渠道。比如，对于满足安全需求的产品，企业可以通过电视广告、报纸广告等传统媒体来强调产品的可靠性和安全性。对于满足尊重需求的产品，企业可以通过社交媒体、网络论坛等新媒体来塑造产品的品牌形象和提升社会认可度。

通过针对不同需求层次的消费者进行定位和传播，企业可以更好地满足消费者的需求，进而提高产品的市场竞争力。这不仅可以帮助企业吸引更多的消费者，还可以帮助企业建立良好的品牌形象，并提高企业的市场份额。不仅如此，马斯洛的需求层次理论也被广泛应用于员工激励和团队管理的领域。具体如下：

一是对于满足生理需求的员工，企业可以提供合理的薪酬和福利。只有当员工的基本生理需求得到满足，他们才能专注于工作，而不是为基本的生活费用而担忧。因此，企业应该确保他们的薪酬和福利至少与市场水平相符，甚至更好。

二是对于满足社交需求的员工，企业可以提供一个良好的团队合作环境和社交活动。人是社会性动物，都有一定的社交需求。他们需要与他人交流和互动。组织各种社交活动，如团队建设活动、庆祝活动等，可以促进员工之间的互动和合作，增强他们的归属感和团队精神。

对于满足自尊需求和自我实现需求的员工，企业可以提供发展机会、挑战性的工作任务和认可奖励。这些员工通常有较高的职业期望和追求，他们希望通过工作来实现自我价值。因此，企业应为他们提供足够的发展空间和挑战，让他们有机会展示自己的能力和才华。同时，当他们取得成绩时，企业应给予及时的认可和奖励，以激发他们的工作热情和动力。

总而言之，对于企业来说，通过提供符合消费者和员工当前所处需求层次的产品和服务，企业可以更好地满足消费者和员工的期望，建立良好的品牌形象，并与消费者和员工建立长期的关系。同时，企业也应关注未来的需求趋势，不断创新和提升产品和服务，以满足消费者不断变化的需求，并提升团队的凝聚力与战斗力。

丢失与得到，并不等价

以1000元为例，当这笔钱从我们的口袋中流失时，我们可能会感到一种深深的沮丧；当我们意外得到1000元时，我们会感到一种由衷的喜悦。那么，这两种感受是否真的等同呢？

有些人可能会认为，因为损失和获得的钱的数目是一样的，所以这两种感受应该是相等的。他们可能会认为，无论是失去还是得到 1000 元，对于个人的经济状况来说，产生的影响都是相同的。然而，这种观点实际上是错误的，损失 1000 元带来的沮丧要大于获得 1000 元时的喜悦。

这就是损失厌恶。损失厌恶是一种心理现象，它指的是人们对损失的敏感程度远超过对同等价值的收益的敏感程度。在行为经济学和决策理论中，这种心理现象被广泛研究和应用于各种领域。

人们往往更加关注和重视可能的损失，因此在做出决策时更倾向于避免损失，而不是追求同等价值的收益。这种心理偏向性会影响人们的决策行为，包括投资决策、消费决策等。了解损失厌恶可以帮助我们更好地理解人们的决策行为，并在实际应用中做出更明智的选择。

在商业和市场营销领域，对损失厌恶原理的深入理解和有效应用能够为企业提供宝贵的指导，帮助他们更有效地设计和实施产品以及营销策略。

第一，企业可以通过强调其产品的风险保障和退款政策，来减轻消费者对于购买产品可能带来的损失的担忧。这种方式可以增强消费者的信心，提高他们的购买意愿。

第二，企业还可以利用损失厌恶的心理效应来推动销售。企业可以采用限时优惠、限量销售等手段，来激发消费者的购买欲望。这种方式的原理是：消费者在面对可能的损失时，往往会产生强烈的购买冲动,以此来避免可能的损失。因此,这些销售策略往往能够有效地提高销售额。

　　第三,企业(商家)也可以设计忠诚度计划来减少消费者的损失感,并增加他们的忠诚度和重复购买率。比如,商家可以让消费者通过购买累积积分或获得特定的奖励,以此给消费者一种感觉,即他们正在积累价值或获得额外的回报。这种计划可以让消费者感到他们正在获得一些实际的利益,从而减少他们的损失感,并增加他们对品牌或商家的忠诚度。忠诚度计划还可以通过提供独家优惠、个性化服务或特殊待遇来增强消费者的参与感和满意度,进一步促使他们保持忠诚并进行重复购买。比如,商家可以为忠诚顾客提供专属折扣、生日礼物或提前购买的机会,以表达对他们的感谢和重视。此外,商家还可以根据消费者的购买历史和偏好,向他们推荐个性化的产品或服务,以满足他们的独特需求。这些特殊待遇不仅可以增加消费者的满意度,还可以让他们感受到与品牌或商家之间的紧密联系。这种策略也可以帮助商家建立稳定的客户群体,并增加他们的销售额和市场份额。当消费者感受到自己被重视和关心时,他们更有可能选择继续购买该品牌或商家的产品或服务,而不是转向竞争对手。此外,忠诚度计划还可以吸引新客户加入,因为新客户可能会被这些特殊待遇所吸引,并希望成为忠诚顾客的一部分。通过不断吸引新客户并保持现有客户的忠诚度,商家可以实现持续的销售增长和市场扩张。

　　第四,企业也可以根据人们的损失厌恶心理将其用在产品包装与展示上。企业（商家）可以通过产品包装和展示来强调产品的损失厌恶，从而激发消费者的购买欲望。在产品包装上标注"限时优惠""仅剩最后一件"等词汇，给消费者一种紧迫感，让他们觉得如果不立即购买，就会错失优惠或失去产品。这种策略可以刺激消费者的冲动购买行为，增加销售量。

企业（商家）还可以通过展示产品的稀缺性，比如展示有限数量的产品或限量版产品，让消费者感到如果不抓住机会购买，就会错失独特的产品。这种策略可以增加产品的珍贵感和吸引力，促使消费者更快地做出购买决策。

第五，退款政策。商家在运营过程中，可以根据自身的实际情况和市场环境，制定出一套灵活的退款政策。这样的政策可以让消费者在购买商品或服务时感到安心，因为他们知道如果商品或服务不符合他们的期待，他们有权利要求退款，从而消除了他们的购买风险。

损失厌恶的具体应用方向：

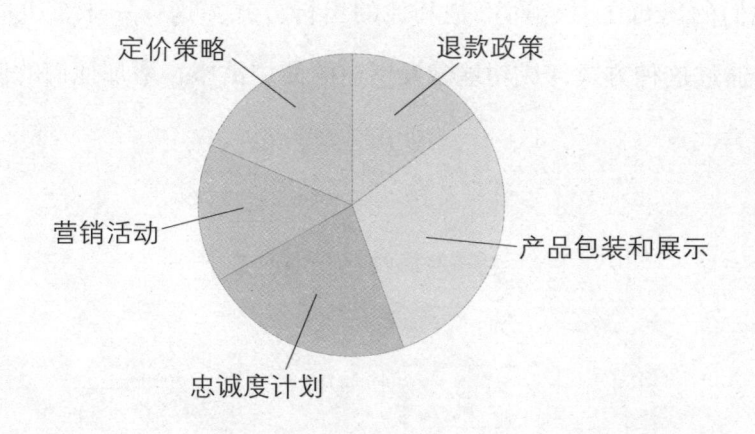

- 定价策略
- 退款政策
- 产品包装和展示
- 忠诚度计划
- 营销活动

这种退款政策的灵活性，可以帮助消费者减轻他们的损失厌恶心理。当消费者知道他们可以在不满意的情况下申请退款，他们就更愿意尝试购买新的商品或服务。此外，这种退款政策的制定，也可以有效地增加消费者的购买意愿。因为消费者在购买商品或服务时，往往会考虑可能存在的风险。如果商家能够提供一个灵活的退款政策，那么消费者就会觉得购买这个商品或服务的风险较小，从而更愿意进行购买。

运用损失厌恶心理而在商业世界获得成功的例子并不少，比如，Uber设计了一种非常巧妙的策略。这个策略是这样的：当用户接近完成一定数量的乘车次数时，比如10次、20次，Uber会给予他们一个特殊的优惠。这个优惠可以是免费的乘车服务，也可以是一定的折扣。这样一来，用户就会感到，如果他们不继续使用Uber，就会失去这个特殊优惠。这种可能会失去优惠的感觉会让他们感到不安，甚至产生一种损失感。因此，为了不失去这个特殊优惠，用户就会有增加使用Uber的动力。他们会更愿意选择Uber作为他们的出行工具，而不是其他的出行方式。这样一来，Uber就能够通过这种方式，成功地激发用户的使用欲望，增加他们的使用频率。

促使人们购买的因素中，感性驱动起到了重要作用

在人们做出购买某产品的决策时，感性因素扮演着非常重要的角色。尽管理性因素也会对购买决策产生影响，但感性因素通常更具有情感和个人偏好的特点，能够更直接地触动消费者的情感和欲望。

人们购买产品往往出于满足自身的情感需求和欲望。影响购买的感性因素包括产品的外观设计、品牌形象、广告宣传、情感联结等。这些因素能够引发消费者的情感共鸣，激发他们的兴趣和渴望，从而促使他们购买该产品。

一个吸引人的外观设计能够吸引消费者的注意并让他们对产品产生好感。消费者通常会选择外观美观、符合自己审美的产品，因为这样的产品能够给他们带来愉悦感和满足感。消费者往往会对某个品牌有深厚的情感认同和信任感。当一个品牌在市场上建立了良好的声誉和形象，消费者会更愿意购买该品牌的产品，因为他们相信这个品牌能够提供高质量的产品和优质的购物体验。

广告宣传也是一个重要的感性因素。通过精心策划的广告宣

传，企业可以向消费者传递产品的价值和特点，广告中的情感元素和故事情节能够引起消费者的共鸣，进而让他们与产品建立情感联结，并激发他们的购买欲望。

同时，情感联结也是一个重要的感性因素，消费者往往会因为个人经历与某些产品或品牌建立深厚的情感联系。一旦消费者认为某个产品能够满足他们的情感需求或与他们的个性相契合，他们就会更愿意购买该产品。

因此，企业在设计营销方案或进行产品推广的时候，可以更多从感性的因素出发。比如，当我们谈论一款手机时，我们不仅要关注其功能和性能，还要考虑到其外观设计。倘若这款手机的外观设计精美、独特，那么它就能够吸引消费者的注意力。同时，如果这款手机所代表的品牌形象时尚，那么它就能够满足消费者对于品位和个性的追求。像这样的手机能够引起消费者的情感共鸣，让他们觉得拥有这款手机不仅可以满足他们的实用需求，还可以提升自己的形象和社交地位。

同样，一则广告的影响力也不仅仅在于其传递的信息，更在于它能否触动消费者的情感。如果一则广告能够通过讲述一个温馨感人的故事，使消费者产生共鸣，那么它就能够在消费者心中留下深刻的印象。这个故事可以是一个关于家庭、友情或者爱情的故事，只要它能够触动消费者的情感，让他们感受到温暖和感动，那么他们就会有购买的冲动。因此，无论是产品设计还是广告创意，都需要注重情感的引导和触动，以此来吸引和留住消费者。

因此，在市场营销领域，许多品牌和企业都会特别关注如何营造与消费者产生情感共鸣的品牌形象和广告宣传。他们深知，只有触动消费者的内心，激发他们的情感需求，才能有效地增加产品的吸引力和销售量。这种情感共鸣不仅能够让消费者对品牌产生深厚的好感，也能够让他们更愿意购买和使用该品牌的产品。

通过讲述品牌的故事，传递品牌的价值观和情感内涵，可以与消费者建立情感共鸣。这种方式可以帮助消费者更好地理解品牌的核心理念和独特之处，进而产生情感上的共鸣。

在当今竞争激烈的市场环境中，品牌故事成为吸引消费者的重要手段之一。通过讲述品牌的起源、发展历程以及背后的创始人或团队的故事，品牌能够建立起与消费者之间的情感联系。这种情感共鸣不仅能够增加消费者对品牌的好感度，也能够激发他们对品牌的忠诚度。

品牌使命是品牌的核心价值观和目标，它代表了品牌所追求的价值和意义，也是一家企业的灵魂。通过明确地传达品牌的使命，品牌能够让消费者更加清晰地了解其核心理念和独特之处。这种明确的定位和价值观可以帮助消费者更好地理解品牌，并与其产生情感上的共鸣。

此外，品牌所承担的社会责任也是吸引消费者的重要因素。在当今社会，越来越多的消费者关注企业的社会责任和可持续发展。当消费者了解到品牌积极参与公益事业、关注环境保护等方面的努力时，他们会对品牌产生更多的好感和认同。这种积极的社会责任形象能激发消费者对品牌的认同感和建立情感联结，使他们更愿意选择购买该品牌的产品。

在买与不买之间，只等一个理由

在许多情况下，当消费者面对一款产品时，他们往往会在买与不买之间犹豫不决。这并不是因为他们真的不想购买这款产品，相反，他们的内心是非常渴望拥有它的。然而，出于某些原因，他们仍然会有一些其他的顾虑和担忧。

如果消费者对这款产品没有任何兴趣，他们很可能会毫不犹豫地离开，不会在产品面前停留超过一秒钟的时间。在这种情况下，消费者并没有被产品所吸引，也没有产生购买的欲望。

然而，对于那些对产品感兴趣但仍然犹豫不决的消费者来说，他们实际上是在等待一个购买的理由。这个理由可以由商家或企业提供。这个理由，往往就是一句话，一句经典的广告宣传语，设计这句广告语最重要的一条原则就是"简洁明了"，即能够直接传达产品的核心信息和价值，让消费者能够一目了然。要避免使用过于复杂或晦涩的词语，保持简单易懂，否则就会画蛇添足。

如果广告语的设计过于复杂，可能会给消费者带来理解上的困扰，导致他们无法迅速抓住产品的核心卖点。同时，过于复杂的广告语也将难以给消费者留下深刻的印象，从而降低广告的传播效果。这样一来，消费者在面对众多商品和广告时，很难产生购买的冲动，这将影响到产品的销售业绩。

有些看似简单的广告语，由于使用了晦涩难懂的词语，使得消费者难以理解广告的含义和产品的核心信息。这不仅会导致消费者对广告产生困惑和不确定感，也使他们无法准确理解产品的优势和价值。以某汽车公司的"霸道"营销策略为例。在这个营销策略中，他们选择的广告语是"霸道，你不得不尊敬"。这句广告语虽然简洁有力，但却过于抽象，缺乏具体的解释。

首先，我们来分析一下这句广告语的含义。在这里，"霸道"一词通常被理解为强硬、不讲理。然而，在汽车市场中，这种理解可能会让消费者对该品牌产生负面的印象，从而影响他们的购买决策。因此，这句广告语并没有有效地传达出该品牌价值和产品特性。

其次，这句广告语的抽象性也使得消费者难以准确理解其含义。在广告中，消费者通常需要通过具体的信息来理解和记住品牌和产品。可这句广告语过于抽象，没有提供足够的信息和情境，导致消费者无法准确地理解其含义，也就无法产生强烈的共鸣和认同感。

最后，由于这句广告语的抽象性和模糊性，可能会导致广告效果不佳。在广告中，清晰、具体的信息通常能够更好地吸引消费者

第六章　顺应人性

的注意力，激发他们的购买欲望。然而，这句广告语信息表达不清晰，缺乏具体性，无法有效地吸引消费者的注意力，也就无法达到预期的广告效果。

除此之外，有些科技产品广告在描述产品功能和特点时，使用了过于专业或晦涩的词汇，这使得消费者在面对这些广告时，往往感到困惑和迷茫。这些广告中的专业术语和复杂表述，使得消费者无法理解其含义，难以理解产品的优势和使用方法。

在这种情况下，消费者可能会对产品产生误解，从而无法准确地了解产品的性能和优点。此外，这些过于复杂的广告也可能会让消费者感到厌烦。他们可能会觉得这些广告过于烦琐，无法快速地获取到他们想要的信息。这种情况下，消费者可能会选择跳过这些广告，而不是花费时间和精力去理解它们。

在中国市场上，脑白金的广告语是较为成功的，"今年过节不收礼，收礼还收脑白金"。这句话就像魔咒一样，在很多老一辈的人心中留下了深刻的烙印，始终挥之不去。脑白金的广告语简洁有力，利用了幽默的表达方式，同时也与中国传统文化中的送礼习俗相结合，引起了广大消费者的共鸣。这个广告语通过独特的表达方式和情感共鸣，成功地塑造了脑白金产品的形象，并在消费者心中留下了深刻的印象。

适可而止的低价策略

在商业市场中，无论是经营一家小店还是管理一家大型企业，我们都需要掌握一种重要的技能，那就是学会让别人多得利。当然，这并不意味着我们要做出无谓的牺牲或者让自己处于不利的地位，而是要通过合理的策略和手段，让合作伙伴、客户或者员工感到满意和受益。

首先，我们需要明白，让别人多得利并不意味着自己会吃亏。相反，这是一种聪明的商业策略，可以帮助企业建立良好的商业关系，提高客户的满意度，增强员工的忠诚度，从而为企业带来更大的利益。

其次，我们需要学会在适当的时候让别人多得利。这并不是说我们要不停地让步，而是要根据具体情况灵活处理。比如，企业可以在初期阶段提供一些优惠条件，以吸引客户或者合作伙伴。也可以在关键时刻，做出适当的让步，以换取更大的利益。

最后，我们需要明白，虽然别人可能会多得利，但是最终赢得终局的一定是企业。因为只要企业能够把握住商业的本质，制定出正确的策略，就能在竞争激烈的市场中立于不败之地。因此，我们不仅要让别人得利，还要让别人多得利。

比如，某品牌豆浆机在市场上采取了一种低价策略，即以相对较低的价格销售其产品。这种策略的实施意味着他们可能会面临较低的利润水平，因为产品的售价较低，可能无法覆盖所有的成本和费用。然而，这种低价策略也带来了一系列的好处。

一方面，低价策略使得该品牌的产品更加亲民，更容易被广大消费者接受。在竞争激烈的市场环境下，价格往往是消费者选择产品时的一个重要考虑因素。通过提供相对较低的价格，该品牌豆浆机能够吸引更多的消费者关注和购买，从而扩大市场份额。

另一方面，低价策略有助于企业建立品牌忠诚度。当消费者以较低的价格购买到高质量的产品时，他们会对品牌产生信任和好感。随着时间的推移，这些消费者可能会成为品牌的忠实粉丝，不仅会继续购买该品牌的产品，还会向他人推荐该品牌。这种品牌忠诚度的建立对于企业的长期发展非常重要，因为它可以带来稳定的销售额和口碑传播。

此外，低价策略还有助于企业在市场中树立良好的形象。通过以较低的价格提供优质产品，它向消费者传递了"物有所值"的信息，让消费者认为它是一个值得信赖的品牌。这种形象的建立有助于该企业在市场竞争中脱颖而出，与其他竞争对手形成差异化竞争优势。

需要注意的是，低价策略也存在一些潜在的风险和挑战。一是低价可能导致企业的利润空间变小,难以实现长期的可持续发展。如果企业无法通过其他方式提高利润水平,可能会面临经营困难。二是低价策略可能会导致产品质量的下降,从而影响消费者的购买体验和品牌形象。因此,企业在实施低价策略时需要确保产品的质量和性能不受影响,不能以牺牲自己而让别人占便宜,因为这样最终会反噬自身。

当然,还有许多企业在市场上也采取了一种独特的低价策略。低价策略除了能吸引到更多的消费者,还能提升这些企业在市场上的竞争力。在众多竞争对手的行业中,各家企业都在努力寻找独特的竞争方式。价格战,往往成了最直接、最有效的竞争手段之一。

低价策略可能面临以下风险和挑战:

利润减少　　品牌价值下降

资金压力　　激烈竞争

长期可持续性难以实现

通过实施"舍小利,得大利"的策略,企业得以在众多相似产品中凸显出来,从而吸引更多的消费者目光和购买意愿。这样,企业便能在激烈的市场竞争中占据优势,进而提高自身的市场份额。尽管降价可能会对企业的短期利润产生影响,但这种影响是暂时的。随着市场份额的逐步扩大,企业可以通过规模经济效应来降低成本,进而实现利润的增长。同时,降价还能提升品牌知名度和美誉度,为未来的市场拓展打下坚实的基础。

然而,让顾客多得利也会带来一定的压力。当一家企业采取低价策略时,其他企业可能会迅速察觉并做出反应。为了保持自身的市场份额和竞争力,这些企业也可能会降低产品或服务价格,以吸引更多的消费者。这样一来,市场竞争将变得更加激烈,价格战也可能成为常态。竞争对手还可能通过提供更好的优惠来吸引消费者,会推出更具吸引力的促销活动、增加赠品或提供更灵活的付款方式等。这些举措旨在抵消低价策略所带来的优势,从而在市场上占据更有利的地位。

采取低价策略只能是短期的,而不能是长期的,因为它本身就不具备可持续性。如果企业长期提供低价或优惠,会导致其品牌形象受损。消费者可能会认为企业的产品质量不高,或者企业的利润空间很大,从而对企业的信任度下降;如果企业一旦停止提供低价或优惠,消费者可能会因为没有了利益驱动转向选择其他竞争对手,由此导致企业的销售额和市场份额下降。具体而言:

一是降低价格意味着企业的收入减少,这可能会导致企业的成本增加。为了保持利润,企业需要寻找其他方式来降低成本,比如削减员工福利、降低产品质量等。这些做法都会对企业的长期发展产生负面影响。

二是提供优惠活动也会增加企业的资金压力。优惠活动通常需要企业投入大量资金，而这些资金可能来自企业的储备或者借款。如果优惠活动的效果不如预期，企业可能会面临资金链断裂的风险。

三是长期实施低价策略会对企业的运营和发展产生负面影响。降低价格和提供优惠活动可能会导致企业的品牌形象受损，再加上引发行业内的低价竞争，给企业带来巨大威胁。因此，企业在决定是否采取低价策略，即降低价格或提供优惠活动时，需充分考虑其可能带来的后果。

不引导顾客，顾客就会流失

企业想要发展，就需要不断地引导消费者，以促使他们采取行动并购买相关产品或服务。引导消费者的目的是满足他们的需求、解决他们的问题，并与他们建立联系和信任。否则，顾客就会像一盘散沙，很容易流失，无法成为长期的忠实用户。

企业的品牌定位是指企业在消费者心目中的形象和价值观。通过明确的品牌定位，企业可以吸引到与其价值观相符的消费者，并与他们产生共鸣。具体引导方式如下：

第一，选择合适的市场传播方式。企业需要选择适合目标消费者的传播渠道和方式,以传达产品或服务的信息。不同的消费者群体可能有不同的媒体偏好和使用习惯,因此,企业需要了解目标消费者的特点,选择合适的传播渠道和方式。

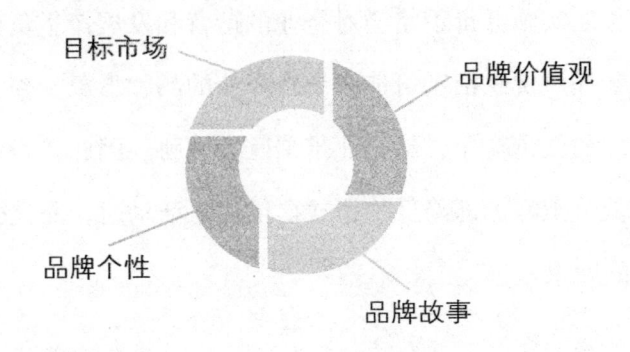

目标市场　　　品牌价值观

品牌个性　　　品牌故事

广告是一种常见的传播方式,可以通过电视、广播、报纸、杂志等媒体进行投放。企业需要根据目标消费者的媒体使用习惯选择合适的广告渠道,以吸引他们的注意力并传达产品或服务的信息。

宣传活动也是一种有效的传播方式,可以通过举办展览、演讲、赞助活动等形式来吸引目标消费者的关注。这些活动可以帮助企业与消费者进行互动,加深消费者的品牌印象,并传达产品或服务的特点和优势。

社交媒体在现代营销中扮演着重要角色,企业可以通过在社交平台上发布内容并与消费者进行互动,有效地传达产品或服务的信息,并与消费者建立起更紧密的联系。企业可以选择适合目标消费者的社交平台,如微博、微信、抖音等,以吸引他们的关注并引导他们进一步了解和购买自己的产品。

除了以上提到的传播方式,还有其他形式的传播渠道,如公关活动、口碑营销、内容营销等，企业可以根据目标消费者的特点选择适合的方式。

第二，提供有价值的产品或服务。企业需要确保产品或服务能够满足消费者的需求，并提供有价值的体验。消费者购买产品或服务的主要目的是满足自身的需求和期望，企业需要了解消费者的需求，并根据其需求进行产品或服务的设计和开发。同时，企业还应不断创新，提供与竞争对手的产品或服务具有不同特色的产品，以吸引消费者的注意力并建立起竞争优势。

个性化的产品或服务也是吸引消费者的重要因素。消费者希望能够得到与自身需求和偏好相符的产品或服务。因此，企业可以通过个性化定制、个性化推荐等方式，提供更加个性化的体验，增强消费者的满意度和忠诚度。

最重要的是，企业需要确保产品或服务的质量和可靠性。高质量的产品或服务能够赢得消费者的信任和好的口碑，建立起良好的品牌形象。同时，企业还应关注售后服务，及时解决消费者的问题和反馈，提供良好的用户体验。通过满足消费者的需求并提供有价值的体验，企业可以吸引消费者并与之建立起长期的关系，实现持续的业务增长。

第三，提供购买引导和支持。企业需要提供购买引导和支持，使消费者能够轻松地找到并购买所需的产品或服务。为了实现这一目标，企业可以采取多种措施来增加消费者的购买意愿和信心。

消费者在购买产品或服务时，希望能够快速、方便地找到合适的购买渠道。因此，企业可以通过建立线上和线下的销售渠道，如官方网站、电商平台、实体店铺等，为消费者提供多样化的选择。同时，企业还可以通过与第三方平台合作，将产品或服务推广到更广泛的市场，提高产品的曝光度和销售量。

此外，企业还应该提供详细的产品信息。消费者在购买产品或服务时，需要了解产品的特点、功能、价格等信息，以便做出明智的购买决策。因此，企业可以在官方网站、产品手册、宣传资料等渠道上提供全面的产品介绍，详细列出产品的规格参数、使用方法、适用场景等。企业还可以通过视频、图片等形式直观展示产品的外观和性能。

消费者在购买产品或服务时，往往会考虑价格和售后保障。因此，企业可以通过推出促销活动、打折优惠等方式吸引消费者购买。同时，企业还应建立健全的售后服务体系，包括明确的退换货政策、专业的维修保养服务等，以解决消费者在购买后可能遇到的问题和困扰。

第七章
管理团队

找寻世界上最稀有的宝藏

每一个企业都怀揣着一个共同的愿望，那就是能够找到一些最适合他们的人才，让他们成为团队的一部分。这些人才不仅具备企业所需的特定技能和经验，更重要的是他们拥有能够为企业创造价值并推动其发展的潜力。这就像是一场寻宝游戏，企业需要投入大量的耐心、智慧，并且制定出相应的策略来寻找这些宝藏。

在招聘过程中，企业需要通过各种渠道和方式来广泛寻找潜在的候选人。这些渠道可能包括招聘网站、社交媒体、校园招聘等。同时，企业需要在众多的候选人中进行筛选，通过面试和评估来确定谁是最合适的人选。这个过程可能会充满挑战，也可能会遇到激烈的竞争，但只有通过这样的过程，企业才能最终找到最适合的人才。一旦企业找到了这样的人才，他们就会成为企业的宝藏。这些人才不仅能够为企业带来巨大的价值，更能够帮助企业实现各种成就。

那么，在招聘过程中，企业如何确定候选人是否适合呢？

第一，企业需要进行岗位需求分析。这一步骤包括明确工作职责、技能要求和素质要求。企业需要对每个岗位的工作职责进行详细的描述和分析，明确员工在这个岗位上需要完成的主要任务和工作内容。企业还需要列出每个岗位所需的技能要求，这可能包括特定的技术知识、操作技能或者软技能等。不仅如此，企业也需要确定每个岗位应具备的素质，这可能包括员工的沟通能力、团队协作能力、解决问题的能力等。

通过进行岗位需求分析，企业可以更清晰地了解每个岗位的需求，从而更好地进行人才招聘。同时，这也有助于企业明确候选人需要具备的能力和特征，使得企业在招聘过程中能够更准确地找到符合岗位需求的优秀人才。

第二，面试和评估方法。面试是招聘过程中非常重要的一环，它可以帮助企业直接与候选人进行面对面的交流，从而更深入地了解他们的能力和潜力。面试可以采取多种形式，如个人面试、群体面试和案例面试等。个人面试是指面试官与候选人一对一进行的面试，这种形式可以让面试官更加深入地了解候选人的能力和经验。群体面试是指多个候选人同时参加的面试，这种形式可以让面试官观察候选人在团队中的表现和沟通能力。案例面试则是通过分析和解决实际工作中遇到的问题来评估候选人的专业能力和应变能力。

除了面试，评估也是招聘过程中不可或缺的一部分。评估可以通过多种方式进行，如能力测试、性格测试和行为面试等。能力测试是一种通过标准化的测试题目来评估候选人特定技能和知识的方法，如语言能力测试、数学能力测试等。性格测试则通过一系列问题来评估候选人的性格特点和适应能力，如评估候选人是否具有团队合作精神、是否善于解决问题等。行为面试则是通过让候选人描述过去的经历和处理问题的方式，来评估他们在实际工作中的表现和应对能力。

第三，参考调查和背景检查。企业在筛选候选人的过程中，可以采取一种有效的参考调查方式。这种方式就是联系候选人的推荐人或者他们之前的雇主，通过与他们的交流和沟通，了解候选人在工作中的表现情况以及他们的背景信息。

首先，企业可以通过联系候选人的推荐人，获取他们对候选人的评价和看法。推荐人通常是对候选人有深入了解的人，他们可以从不同的角度和层面对候选人进行评价，比如他们的工作能力、工作态度、团队协作能力等。这些信息对于企业来说是非常有价值的，可以帮助企业更全面地了解候选人的能力和潜力。

其次，企业也可以联系候选人之前的雇主，了解其在之前工作中的表现。雇主通常对候选人的工作表现有直接的了解，他们可以提供关于候选人的工作成绩、工作态度、职业素养等方面的信息。这些信息可以帮助企业更准确地评估候选人的工作能力，从而做出更明智的招聘决策。

再次，企业还可以通过背景检查来确认候选人提供的信息的真实性和准确性。背景检查通常包括对候选人的教育背景、工作经历、职业资格等方面的核实。通过背景检查，企业可以确保候选人提供的信息是真实可靠的，避免因为信息失实而做出错误的招聘决策。

最后，还有一点容易被很多人忽视，那就是文化匹配度评估。这不仅涉及他们的专业技能和经验，更重要的是评估他们的价值观、工作风格以及团队合作能力等方面是否与企业的文化相一致。

我们都知道，企业的价值观是其运营的核心，它决定了企业的行为准则和决策方向。因此，企业在招聘时会特别关注候选人的价值观是否与企业的价值观相符。如果候选人的价值观与企业的价值观不一致，那么他们在工作中就可能会产生冲突，进而影响工作效率和团队氛围。

招聘五步骤 {
- 岗位需求分析
- 面试和评估方法
- 参考调查和背景检查
- 文化匹配度评估
- 提供实习或试用期

当然，工作风格也是企业考虑的重要因素。每个企业都有自己独特的工作风格，包括工作节奏、沟通方式、决策模式等。如果候选人的工作风格与企业的工作风格不匹配，那么他们可能需要花费更多的时间和精力去适应新的工作环境，这对企业和候选人来说都是不利的。

对于企业而言，团队的合作能力也是非常关键的。在现代企业中，团队合作是非常关键的，一个优秀的团队成员不仅要有出色的个人能力，还要有良好的团队合作精神。因此，企业在招聘时会通

第七章 管理团队

过各种方式来评估候选人的团队合作能力，以确保他们能够融入团队，与团队成员有效协作。

经过以上的工作之后，企业相关招聘人员也有了几个相中的候选人，这个时候就需要给候选人实习或试用期。企业可以通过提供实习或试用期的方式，进一步评估候选人的适合度。这段时间可以让候选人在实际工作中展示自己的能力，并让企业观察候选人的表现。

在实习或试用期，候选人将有机会接触到真实的工作环境和工作任务。他们可以与团队成员合作，参与项目的实施、管理以及解决实际问题。通过这些实践经验，候选人可以展示自己的技能、知识和适应能力。

此外，实习或试用期还可以帮助企业更好地了解候选人的工作风格和态度，观察候选人是否具备团队合作精神、沟通能力和解决问题的能力。同时，企业还可以评估候选人的学习能力和适应新环境的能力。

对于候选人来说，实习或试用期也是一个宝贵的机会。他们可以通过实际工作来了解自己所从事的行业和职位，并确定自己是否适合该岗位。此外，实习或试用期还可以帮助候选人建立职业网络，并与潜在雇主建立联系。

职责不明确，团队如散沙

在工作团队中，如果每个成员的职责不明确，那么这个团队可能会变成一盘散沙，无法形成有效的合力。原因就在于，当职责不明确时，团队成员可能会对自己的工作范围和责任产生困惑，不知道应该做什么，更不知道自己的工作对整个团队有什么影响。这样的情况下，团队成员之间的协作和配合就会受阻。

相反，如果每个成员的职责都能得到明确的划分，那么团队成员就能清楚地知道自己的工作范围和责任。他们知道自己需要完成什么任务，也知道自己的工作对整个团队产生什么影响。由此，团队成员就能更好地协作和配合，共同完成团队的目标。

因此，明确的职责对于团队的协作和配合是非常重要的。

首先，明确职责就是要明确团队中每个人的岗位职责。为了确保团队的高效运作和每个成员工作职责的明确性，团队领导需要为每个岗位明确具体的职责和任务。换句话说，团队领导要为每个团队成员分配特定的工作范围，并确保他们清楚知道自己需要完成的任务和目标。

团队领导还需要了解每个岗位所需的技能、知识和经验，以及与其他岗位之间的关联性和协作要求。这将有助于团队领导更好地理解每个岗位在整个团队中的作用和重要性。

其次，团队领导可以制定一份明确的岗位职责清单。这份清单应包括每个岗位的主要职责和任务，以及与之相关的工作标准和期望。这些职责和任务应是具体、可衡量和可操作的，以便团队成员能够清晰地了解自己的工作范围和目标。

在制定岗位职责清单时，团队领导应与团队成员进行充分的沟通和讨论，确保他们对工作范围和目标有准确理解，并听取他们的意见和建议。这样可以确保每个团队成员对自己的工作有清晰的认识，并且能够在工作中发挥自己的专长和能力。

一旦岗位职责清单制定完成，团队领导就应将其与团队成员共享，并进行培训和指导。通过培训，团队领导可以向团队成员介绍他们的职责和任务，并提供必要的技能和知识支持，以帮助团队成员在工作中克服困难和挑战。

最后，团队领导应定期进行工作评估和反馈，与团队成员进行一对一的沟通，了解他们的工作进展和成果，并提供及时的反馈和建议。这可以帮助团队成员不断改进自己的工作表现，并确保他们始终清楚自己的工作范围和目标。

但是问题来了，有些企业属于初创企业。这些企业在成立初期，整个公司内部的员工数量相对较少，每个人都需要承担多个职责和任务。面对这样的情况，企业应该如何处理呢？

实际上，明确岗位职责的目的是确保每项工作都有明确的负责人。如果一个团队中没有明确的负责人，那么在工作过程中，大家很容易陷入逃避责任的状态。在这种情况下，很多工作无法得到有效的推进，甚至有可能导致项目进展缓慢或者出现其他问题。

因此，对于初创企业来说，尽管员工数量有限，但仍然需要建立起一套完善的岗位职责体系，至少每项工作要有明确的负责人。除了明确岗位职责之外，制定清晰的工作流程也是非常重要的，这个制定过程可以简单地分成六步走。

第一步，明确工作流程。一个清晰、结构化的工作流程可以帮助团队成员明确自己的职责和任务，知道在何时、何地以及如何完成工作。这样的流程可以减少混乱和误解，确保工作的连续性和一致性。

第二步，建立沟通渠道。确保有效的沟通是团队合作的基石。通过建立固定的沟通渠道，如定期的会议、电子邮件、即时消息工具等，可以确保信息在团队内部迅速、准确地传递。

第三步，培训与指导。为了确保团队成员能够有效地协作、交流和汇报工作，组织应提供必要的培训和指导。这可能包括团队建设活动、沟通技巧培训、项目管理培训等。

第四步，鼓励反馈。建立一个开放的反馈机制，鼓励团队成员提出意见和建议，以便不断优化工作流程和沟通方式。

第五步，使用技术工具。现代的技术工具，如项目管理软件、在线协作平台等，能帮助团队更好地管理工作流程，提高沟通效率。

第六步，定期评估与调整。随着时间的推移，团队的需求和环境可能会发生变化。因此，定期评估工作流程和沟通渠道的效果，并根据评估结果进行调整，这是非常有必要的。

六步走的清晰工作流程制定后，接下来就是设定目标和绩效指标。

为了确保团队和个人的工作效果和绩效表现得到有效的评估，团队领导需要为他们设定明确的目标和绩效指标。这些目标和绩效指标不仅要有可衡量性，还要能够真实反映团队和个人在工作中的实际表现和完成情况。通过这种方式，团队领导可以更好地了解团队和个人的工作进度，以及他们在实现目标过程中的优点和不足，从而为他们提供更为精准的指导和帮助。

一是团队领导应该为团队成员提供定期的培训课程。给予团队成员必要的培训能够帮助他们提升自身的技能，以更好地履行自己的职责，进而提高整个团队的工作效率和质量。

二是要定期组织各种培训活动，包括专业技能培训、团队协作培训、领导力培训等，以满足团队成员不同的学习需求。这样的培训活动能够帮助他们提升专业技能，提高团队协作能力和领导力，从而更好地适应团队的工作需求。

三是团队领导应该为团队成员提供各种发展机会，如参加专业研讨会、参与重要项目等。这些不仅能够让他们接触最新的行业动态和技术，也能在实践中提升他们的能力，以更好地履行职责。

最重要的一点是，团队领导要定期与团队成员进行一对一的沟通，了解他们的学习需求和发展目标，并根据他们的需求和目标，为他们提供个性化的培训和发展计划。这样不仅能够确保他们的学习和发展得到有效的支持，同时也能提高他们的工作满意度和忠诚度。

刘禅的放权——知人善用、信任他人的智慧

刘备与诸葛亮的故事可谓是千古佳话，刘备被视为理想主公与老板的代表，对诸葛亮充分信任，而诸葛亮则被视为忠诚臣子的典范，他一生为蜀汉的建立和发展立下了赫赫战功。遗憾的是，他尽管付出了巨大的努力，最终却壮志未酬。他在五丈原病逝，让人扼腕叹息，后人对他的评价是"鞠躬尽瘁"。

然而，刘备的儿子刘禅一直以来却被视为反面教材。他被指责为不思进取，只知道享乐。他将国家的大小事务都交给诸葛亮处理，自己则深居后宫之中。这种生活方式引起了人们的批评和质疑。

当然，也有一些人认为，刘禅的选择也可以被解读为一种聪明的决策。他明白自己的局限性，知道自己不具备诸葛亮那样的才能和智慧，因此选择将重要的决策和事务交给诸葛亮处理，以确保蜀

汉的稳定和发展。这种聪明的决策也体现了刘禅对整体利益和团队发展的考虑。

尽管刘禅的行为在历史上被一些人视为消极无为，但从另一个角度来看，他的放权选择也是一种智慧的体现。由于他信任诸葛亮，便将国家的重任交给他去处理，这也是对诸葛亮才能的肯定。刘禅的放权决策为蜀汉的发展提供了稳定的政治环境，使得诸葛亮能够充分发挥自己的才能，为蜀汉做出重要贡献。

在企业管理的实践中，放权被广泛认为是一种富有智慧的管理策略。这种策略的实施，不仅能够调动员工的工作积极性，也能够增强他们的责任感。通过放权，企业可以激发员工的创造力和主动性，进而提高工作效率。

放权的核心理念是将权力下放给合适的员工，让他们有更多的自主权去完成工作任务。这样做的好处是，员工可以根据自己的专长和能力，更好地发挥自己的优势，从而提高工作的效率和质量。同时，这也能够增强员工的工作满足感和成就感，从而进一步提升他们的工作积极性。放权的优点如下：

第一，放权不仅可以提高组织的效率，还能促进员工能力和领导才能的成长。当领导者将权力和责任交给下属时，这不仅是对他们的信任和肯定，而且是给予他们成长和发展的机会。被赋予更多的决策权时，员工会更加积极地参与到工作中，因为他们知道自己的决策会对结果产生影响。这种积极性会激发他们的创新思维，从而提升组织的创新能力。

第二，当员工被赋予更多的责任时，他们会更加重视自己的工作，因为这种责任感会使他们更加努力地完成任务，进而提高工作的效率和质量。

第三，放权可以帮助员工提升自己的领导能力。通过承担更多的责任和决策权，员工可以锻炼如决策、协调、沟通等领导能力，为成为优秀的管理者打下基础。

第四，放权可以促进组织的持续发展。员工能力的提升，可以增强组织应对各种挑战的能力，进而推动组织的持续发展。同时，放权也可以吸引和留住优秀的人才，因为优秀的人才通常希望有机会发挥自己的能力，实现自己的价值。

放权意味着领导者将权力和责任交给下属，这既是对他们的信任和肯定，也给予了他们成长和发展的机会。在此过程中，员工通过承担更多的责任和决策权，能够锻炼自己的领导能力，并逐渐成长为更有能力的管理者。

第五，放权还可以提高组织的灵活性和适应性。在快速变化的市场环境中，领导者无法独自应对所有的挑战和抓住所有的机遇。放权则能让更多的人参与到决策和执行中来，使组织更加灵活并更好地适应变化。

放权就是允许下属在一定的范围内自主决策和行动。这种策略可以带来许多好处。它能提高组织的灵活性。具体来说，当领导者将决策权下放给下属时，他们可以更快地做出反应，因为他们不需要等待领导者的批准。这样一来，组织能够更快地适应市场环境的

第七章　管理团队

变化。同时，放权还可以增强组织的适应性。要知道，在一个快速变化的市场中，领导者可能无法预见所有的挑战和机遇。但当更多的人参与到决策和执行中来时，他们可能会发现领导者未曾注意到的问题或机会。通过这种方式，组织就能更好地应对挑战和抓住机遇。

最成功的案例当属海底捞。海底捞是一家知名的餐饮企业，在运营过程中实行了向员工放权的独特管理方式。这种方式的核心是将一部分决策权和管理权下放给店长和员工，让他们在日常工作中拥有更大的自主权和责任感。

在这种管理模式下，店长和员工可以根据自己的专业知识和经验，对店内的各项工作进行决策和管理。如决定菜品的采购、制作方法、服务流程等。这样不仅能更好地满足顾客需求，还可以提高工作效率。这种向员工放权的管理模式节省了管理层的时间，并提升了整个团队的工作效率。因此，得到了广泛的认同和好评。

然而，放权并不意味着领导者可以完全放任不管。实际上，放权也需要合理的控制和监督。

一是领导者需要确保放权的范围和权限是明确的。换言之，领导者应明确知道哪些权力可以下放，哪些权力应保留。如果范围不明，可能会导致权力的滥用或工作的混乱。所以，领导者应制定明确的规则和政策，指导员工如何正确行使权力。

二是领导者需要建立有效的沟通和反馈机制。放权并不意味着领导者与员工之间的联系会减少，反而，领导者应更加关注员工的工作进展和问题。通过有效的沟通，领导者可以了解员工的需求和困难，并提供必要的支持和帮助。同时，借助反馈机制，领导者能及时了解放权的效果，以便对策略进行调整和优化。

三是领导者需要确保这些措施能确保工作的顺利进行和目标的实现。为此，领导者需定期检查和评估工作的效果，验证放权策略的有效性，并确定是否需要进行调整。只有这样，才能有效提高员工的满意度和工作效率，同时也能实现组织的目标。

别让一颗老鼠屎，坏了一锅粥

西方有句谚语："丢失了一颗马钉，坏了一只蹄铁；坏了一只蹄铁，折了一匹战马；折了一匹战马，伤了一位骑士；伤了一位骑士，输了一场战斗；输了一场战斗，亡了一个帝国。"这句谚语意味着，一个小小的细节问题如果被忽视，可能会引发连锁反应，最终可能造成重大的损失或灾难。

在团队中，如果出现了一些害群之马，若不及时处理，很可能会给整个团队带来巨大的损失。那么，哪几类人可能会是害群之马呢？

第一，自私自利的人。这些人的行为和思维方式往往只关注他们自身的利益，而忽视了团队的整体利益。他们的行动和决策往往以个人为中心，而不是以团队的需求和目标为指引。他们可能会因追求个人利益而做出损害团队协作精神的行为，甚至影响到团队的长远发展目标。这种行为不仅会破坏团队的和谐氛围，也会对团队的整体效率和成果产生负面影响。

第二，缺乏团队合作精神的人。这些人可能不愿与他人进行有效的合作，他们的行为和态度通常会对团队的整体效率和氛围产生负面影响。这些害群之马可能对团队合作持消极的态度，认为团队合作束缚了他们的自由和创新。因此，他们可能会抵制任何形式的团队合作，甚至故意在团队中制造分裂和冲突。

在合作过程中，这些害群之马会表现出消极的态度，对团队的任务和目标心怀不满，这种消极的情绪可能会感染其他团队成员，导致整个团队士气下降。此外，他们可能会通过拖延工作来妨碍团队合作。比如故意推迟完成任务，或在任务执行过程中故意拖延，以此来阻碍团队的进步。

这些害群之马还可能逃避职责，或故意做出错误决策，以此来破坏团队的效率和成果。他们可能会故意隐藏重要信息，或独占团队资源，以此来谋求个人利益。这种行为不仅会破坏团队合作，还可能导致团队目标无法实现。

第三，不诚信的人。这类人可能会选择撒谎、欺骗，甚至做出不道德的行为。他们的存在无疑会对团队的和谐稳定产生不良影响。他们可能会编造虚假信息来误导他人，使他人陷入困境。这种行为严重违反了诚实守信的原则。

此外，他们还可能会利用他人的善良和信任进行欺诈，以获取不正当利益。这严重破坏了社会的公平正义，导致人们彼此间产生深深的疑虑和不信任。更进一步，他们可能会为了私利而不顾他人感受，采取损害他人利益的行为。这不仅违背社会道德规范，更严重侵害了他人的权益。

这些行为无疑会对团队的信任关系造成严重影响。团队的信任关系是团队合作的基石，一旦这种信任关系被破坏，团队的合作效果必将大幅降低。团队成员间的信任度降低可能会导致团队的决策效率减慢，执行力减弱，甚至可能导致团队分裂。

尤其是在职场中，很多人都会有不顺心的时候，偶尔抱怨几句并没有什么问题，但若是一直抱怨，一直传递负能量就很可能会影响到团队的协作。这些人通常表现为经常抱怨、抵制变化以及传播消极情绪等行为。他们的存在会对整个团队的积极氛围和工作动力产生负面影响。

无论是任务的难度还是工作环境，他们总能够找到各种理由来抱怨。这种消极的态度会感染其他团队成员，导致整个团队的士气下降，影响工作效率和质量。这些成员往往抵制变化。当团队需要适应新的工作方式或者采用新的技术工具时，他们往往会表现出抵触情绪，不愿意接受新的挑战和改变。这种抵制变化的态度会阻碍团队的进步和发展，使得团队无法及时应对市场的变

第七章　管理团队

化和竞争的挑战。

　　这些"害群之马"还喜欢传播消极情绪。他们常常抱怨工作的不公、领导的无能或其他团队成员的不足。这种消极情绪的传播会导致团队内部关系紧张，影响团队合作和协作的效果。同时，这种消极情绪也会对个人的情绪和心理健康产生负面影响，进一步削弱整个团队的工作动力和积极性。

　　此外，还有一种人可能会成为团队中的"害群之马"，那就是缺乏责任心的人。他们对于自己的职责和责任持逃避态度。这些人可能不愿意承担责任，总是寻找各种理由和借口来推卸责任。他们可能会因为自己的错误或疏忽而选择逃避，而不是勇敢地去面对并解决问题。

　　他们可能会因为害怕承担责任而选择不履行自己的职责，找各种理由来推脱，比如说自己没有时间，或者是归咎于他人错误。他们可能会把自己的责任推给别人，而不是主动去解决问题。

　　这些人的行为可能会导致工作延误。因为当出现问题时，他们更可能选择逃避，而不是积极解决。这样就会使得问题无法得到及时解决，从而延误工作进度。同时，这些人的行为还可能会导致工作质量下降。因为他们可能会对工作持敷衍态度，不会全力以赴，而只是做表面工作来应付，进而造成整体工作质量的下滑。

　　在商业圈子里，千万别让一颗老鼠屎坏了一整锅粥。如果在工作的过程中发现并找到了团队中的"害群之马"，领导该如何应对呢？作为领导，必须管理好整个团队，并学会将队伍中的"害群之马"剔除出去。否则，很容易后患无穷。

```
识别问题 — 沟通和反馈 — 寻求支持 — 培训和发展 — 团队调整
```

1. 识别问题：首先要明确哪些人是"害群之马"，观察他们的行为和态度是否与团队的价值观和目标相悖。

2. 沟通和反馈：与这些"害群之马"进行开放、诚实的沟通，向他们明确表达对其行为的不满，并提供具体的反馈和建议。

3. 寻求支持：与团队的其他成员或上级领导沟通，寻求他们的支持和协助，共同商讨解决方案。

4. 培训和发展：如果"害群之马"的问题根源在于技能或知识的缺乏，可以为他们提供培训和发展机会，以提升其能力。

5. 团队调整：如果"害群之马"的问题无法解决，那么可能需要考虑调整团队结构，例如重新分配任务或人员调动。

别让形式主义拖垮自己

形式主义是一种行为模式，它的主要特征是过分强调形式和程序的重要性，而对实际效果和结果的关注程度相对较低。这种倾向可能导致人们过于关注表面的仪式和规定,而忽视了实质性的工作和成果。

在形式主义的模式下,形式和程序往往被视为至关重要的因素,甚至超越了实际效果和结果的价值。这种做法可能会导致人们陷入一种空洞的、表面化的工作中,只追求符合规定的步骤和形式,而忽视了实际的目标。

形式主义不仅多见于大公司,而且很多初创企业如果稍不注意,也可能陷入形式主义的陷阱之中。而且,形式主义对于小公司来讲,危害更大。

首先,形式主义会造成资源浪费,它往往需要耗费大量的时间、精力和资源来完成一些看似复杂但实际上并无实质性作用的程序。为了履行这些形式主义的程序,团队可能需要花费大量的时间去规划、准备和执行。这些时间如果用在真正的核心工作上,可能会创造更大的价值。

其次,形式主义也会消耗团队成员的精力。为了满足这些形式要求,团队成员可能需要投入大量的精力去思考、讨论和解决一些并不重要的问题。

最后,形式主义还会浪费团队的资源。为了完成这些形式主义的程序,团队可能需要花费大量的资源去购买、维护和使用一些并不需要的设备和工具。

在很多情况下,形式主义往往需要经过多个层级的审批和程序。这就意味着,从提出一个想法到最终落实,可能需要经历一系列的步骤,包括提交申请、等待审批、修改方案等。这样的过程往往会拖慢决策的速度。

在商业竞争激烈的环境中,这种决策的迟缓可能会引发严重的后果。因为在商业世界中,机会往往是稍纵即逝的。如果一个企业不能及时做出决策,可能就会错失重要的商机,从而失去与其他竞争对手较量的机会。

比如,如果一个企业发现了一个新的市场趋势,但因需要经历冗长的审批流程,导致决策滞后,那么这个企业可能就会错过进入这个新兴市场的最好时机。而当它终于做出决策并开始行动时,可能已经有很多其他的企业抢先进入该市场,占据了有利的位置。

形式主义往往限制了创新的自由度和创新思维的多样性。在现实生活中,我们常常可以看到这样的现象:一些机构或个人在面对新的挑战或机遇时,由于过分拘泥于既有的规则和程序,而难以有效地创新。

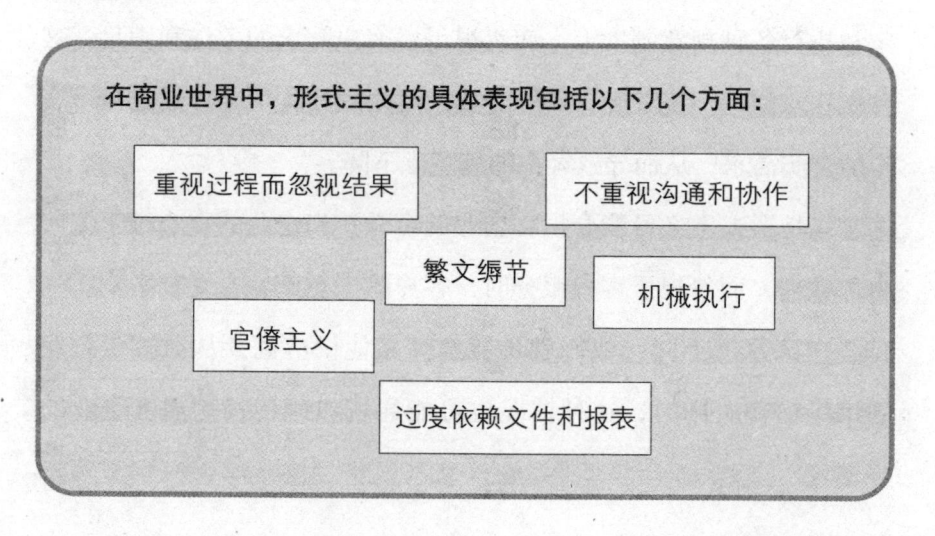

在商业世界中,形式主义的具体表现包括以下几个方面:

- 重视过程而忽视结果
- 不重视沟通和协作
- 繁文缛节
- 机械执行
- 官僚主义
- 过度依赖文件和报表

第七章 管理团队

创新，是对新思想、新技术、新方法的积极探索和应用，它需要团队成员勇于尝试，敢于打破常规，灵活应对各种变化。然而，形式主义的工作方式却往往限制了这种尝试和变化的可能性。因为形式主义过分强调规则和程序的遵守，往往使人们在遇到新的挑战或机会时，无法灵活地调整自己的工作方式和策略，从而遏制创新的发展。

比如，一些企业为了恪守既定的规章制度，可能会忽视或排斥新的技术和方法，这就可能会阻碍企业的创新发展。同样，一些教育机构为了固守传统的教学模式，可能会无视或拒绝新的教学方法和技术，这也可能会阻碍教育的创新和发展。具体如下：

一是形式主义往往使企业过度聚焦于内部程序和规定的执行，而忽视了客户的需求和体验。这种过度的形式主义，可能会导致企业的运营方向发生偏离，进而影响企业的整体发展。

在形式主义的影响下，企业可能会将大量的时间和精力投入制定和执行各种规章制度上，而忽视了对客户需求的关注和满足。这种做法虽能在一定程度上确保企业的运营秩序，但却可能忽视了客户的真实需求，从而导致客户的满意度下降。

二是形式主义可能会损害企业的声誉。当企业的重心过于偏向内部管理，而忽视了客户服务时，客户的满意度就会受到影响。一旦客户满意度下降，他们就可能选择其他供应商，从而减少企业的市场份额。同时，这种情况也可能通过口碑传播，损害企业的声誉。

三是形式主义可能会削弱企业的市场竞争力。在竞争激烈的市场环境中，只有那些真正能满足客户需求的企业，才能在竞争中占据优势。然而，如果企业过度关注内部程序和规定，而忽视了客户的需求和体验，那么它就可能丧失市场竞争力。

第八章 流量为王

流量究竟是什么

在这个信息爆炸的时代，我们经常听到一个词——流量。无论是在商业领域还是日常生活中，这个词都频繁出现，甚至成为衡量一种事物价值的重要标准。然而，你真的了解"流量"是什么吗？在商业世界中，流量究竟意味着什么？

流量，顾名思义，是指流动的数量。但在网络环境中，流量并非指数据包的传输量或我们常说的带宽，而是指网络数据传输量，包括上传和下载的数据量。不过，在商业领域中，流量的含义更为广泛，它往往代表着用户的注意力、关注度和参与度。

在互联网行业中，流量至关重要，可以说是行业的生命力所在。没有流量，就没有用户；没有用户，就没有收入。因此，各大互联网公司都在竞相争夺用户的注意力，他们运用各种策略来吸引用户访问他们的网站或应用，这一过程被称为"引流"。而用户的每一次点击、浏览、评论、分享等互动行为，都会产生相应的流量，这些流量正是互联网公司价值的核心体现。

在广告行业中，流量的重要性不言而喻。广告商通过投放广告，希望吸引用户的注意力，引导他们点击广告，并进一步促成购买行为。这个过程中的每一步都会产生相应的流量。而这些流量则成为广告商评估广告效果的关键指标。

在电商行业中，流量的作用更为凸显。电商平台通过各种营销活动，吸引用户访问他们的网站或应用，然后利用精准的推荐系统，引导用户完成购买。同样，这个过程中的每一步都会产生流量。这些流量就是衡量营销活动成效的重要指标。

从广义上来看，流量可以分为网站流量、私域流量、用户注意力流量等多种类型。其中，网站流量是最为普遍的一种流量。在这里，流量通常被用来描述一个网站的访问量，也就是用户访问该网站的次数以及他们在网站上浏览的页面数量等各项数据。这些数据为我们提供了关于网站受欢迎程度和影响力的直观反馈。

首先，独立访问者数量是衡量网站流量的一个重要指标，它表示的是在一定时间内，访问过网站的不同用户的数量。这个数字可以反映出网站的受众范围和吸引力。重复访问者数量也是一个重要的统计指标，它表示的是在一定时间内，曾经访问过网站并再次访问的用户数量。这个数字可以反映出网站的用户黏性和用户的回访率。页面浏览数是另一个重要的统计指标，它表示的是在一定时间内，所有用户浏览的网页的总数量。这个数字可以反映出网站的内容丰富度和用户的活跃度。

其次，私域流量主要是指企业自己拥有和掌控的流量资源。与公域流量相对，私域流量是企业通过自身的努力，包括内容创作、用户服务、产品优化等多种方式积累和获取的用户群体。因此，私域流量的积累和运营对于企业的发展和营销至关重要。通过有效的私域流量运营，企业不仅可以提高品牌知名度，扩大市场份额，还可以提升用户的购买转化率，实现更高的商业价值。

在互联网时代，用户的注意力已经变得越来越重要，甚至可以说是一种非常宝贵的资源。在这个信息爆炸的时代，各种各样的信息和内容层出不穷，用户的时间和精力都是有限的，因此，他们的注意力就显得尤为稀缺。这就使得吸引用户的注意力成为企业获取流量的关键所在。

企业要想在这个竞争激烈的市场中脱颖而出，就必须学会如何吸引用户的注意力。这需要企业通过提供有吸引力的内容、产品或服务来吸引用户的关注。这些内容、产品或服务可以是有趣的、有价值的、有创意的，或者是能够解决用户痛点的。只有让用户觉得这些内容、产品或服务值得他们花费时间和精力去了解和体验，企业才能够成功地吸引到用户的注意力。

当企业成功地吸引了用户的注意力之后，就可以获得更多的流量。流量是衡量一个网站、应用或者平台受欢迎程度的重要指标，也是企业实现赢利和发展的基础。有了足够的流量，企业就可以通过广告、会员服务、销售产品等方式来实现赢利。为了实现流量的增长和转化，企业需要进行流量运营。

流量运营的目标是通过不断优化和提升用户体验，使用户更加愿意在企业的平台上停留并参与。流量运营包括优化网站的布局和导航，提高页面加载速度，丰富内容和产品的种类，提供个性化的推荐和服务等。只有这样，用户在企业的平台上时才能感受到舒适和愉悦，并更愿意在这里消费和互动，从而实现流量的增长和转化。

除了将流量作为网络数据包的传输量这种技术性的解释之外，流量这个词还可以被用来描述其他形式的数据或资源的流动。换句话说，流量的概念并不仅限于互联网或计算机科学领域，而是可以广泛应用于各种情境中。

比如，在物流领域，流量可以被用来描述货物、资金或信息在供应链中的流动情况。这里的流量并不是指物理意义上的液体流动，而是指这些资源在供应链中的移动速度和方向。通过监控和管理这种流量，企业可以更好地了解供应链的运行状况，从而做出更有效的决策。同样，在金融领域，流量也可以被用来描述交易量或资金流动等。在这里，流量是指资金或金融产品的交易数量和频率。

流量与成本间的"相爱相杀"

在商业运营中，流量的增加通常需要投入一定的成本，比如广告费用、推广费用、内容创作费用等，这些成本主要用于吸引用户的注意力,从而增加流量。

然而,流量的增加并不一定意味着收入的增加,这是因为流量本身并不能直接转化为收入。转化率、用户留存、用户付费意愿等因素都会影响流量转化为收入的效果。如果流量的转化率较低,成本可能会超过收入,从而导致亏损。

因此,在运营中需要平衡流量和成本之间的关系,要确保投入的成本能够带来足够的优质流量,并且这些流量能够有效地转化为收入。这需要进行精细化的市场营销策略、用户运营和产品优化,以提高流量的转化率和用户价值,从而实现流量与成本的良性循环。

那么问题来了,要如何以小成本撬动大流量呢?又要如何让企业花出去的每一分钱都带来最高利润呢?

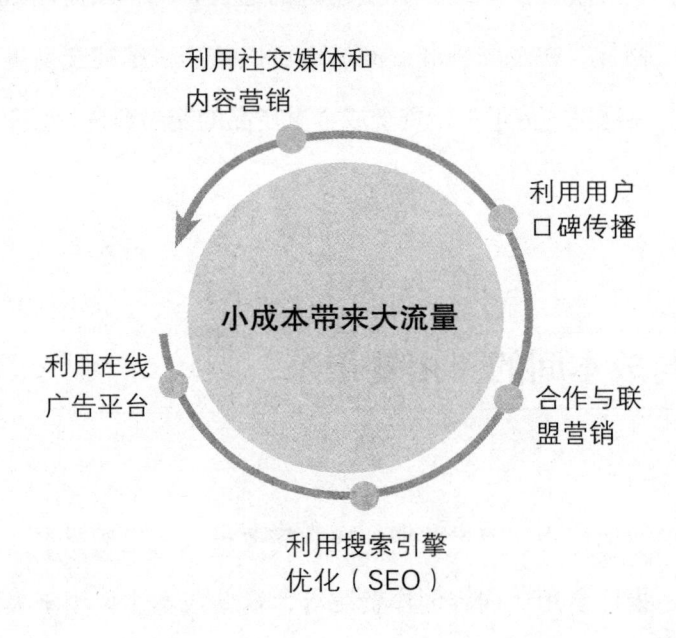

小成本带来大流量

- 利用社交媒体和内容营销
- 利用用户口碑传播
- 合作与联盟营销
- 利用搜索引擎优化(SEO)
- 利用在线广告平台

不难看出，选择合适的在线广告平台进行投放也是企业应该优先考虑的事。简单来讲，在选择投放平台时，企业应考虑以下几点。

第一，不同的广告平台有着各自独特的用户群体和受众特征。企业需要明确的是，不同的广告平台吸引的用户群体是不同的。比如，一些广告平台可能主要吸引的是年轻人，而另一些则可能更受中老年人群的喜爱。这些用户群体的年龄、性别、职业、兴趣爱好等都可能有所不同。因此，当企业在投放广告时，需要根据自身的目标受众来选择合适的广告平台。

第二，不同的广告平台也有着各自的受众特征。这些特征可能包括用户的消费习惯、购买力、信息获取渠道等。比如，一些用户可能更喜欢通过社交媒体来获取信息，而另一些用户则可能更倾向于通过搜索引擎来寻找他们需要的信息。因此，企业在投放广告时，也需要考虑到这些因素，以确保广告能够有效地触达目标受众。

以年轻人为例，他们是社交媒体的主要用户群体之一。他们喜欢在社交媒体上分享自己的生活，关注新鲜事物，对新品牌和新产品有着极高的接受度。因此，如果您的目标受众是年轻人，那么在社交媒体平台上投放广告就是一个非常好的选择。您可以通过精准的定位功能，将广告直接推送给目标受众，从而提高广告的有效性。

第三，广告的形式也应该有所取舍。不同的广告平台支持不同

第八章　流量为王

的广告形式，如搜索广告、展示广告、原生广告等。

搜索广告通常以文本的形式出现在搜索引擎的搜索结果页面上。当用户在搜索引擎中输入与你的广告相关的关键词进行搜索时，你的广告就有可能被展示出来。这种广告通常会显示在搜索结果的顶部或者侧边位置，以便用户能够更容易地看到。

搜索广告是一种非常有效的广告形式，特别适合那些有明确搜索意图的用户。具体来说，当用户在搜索引擎中输入关键词进行搜索时，他们通常是在寻找能够满足他们特定需求的产品或服务。因此，如果你的广告能够准确地匹配到用户的搜索关键词，并且你的产品或服务正好能够满足他们的需求，那么你的广告就有可能吸引到这些潜在客户。

展示广告是一种在线广告形式，它以图像、动画或视频的形式出现在各种网络平台上，如网站、应用程序和社交媒体等。这种广告形式的目的是吸引用户的注意力，进而提高品牌的曝光率和用户的认知度。展示广告的形式多样，可以是静态的图片，也可以是动态的动画或视频。这些广告通常会在用户浏览网页、使用应用程序或在社交媒体上活动时自动播放，或者根据用户的浏览历史和兴趣进行推送。展示广告的主要优点是可以提高品牌的曝光率和用户的认知度。通过在各种网络平台上投放广告，品牌可以接触到更多的潜在客户，进而提高品牌知名度。同时，由于展示广告通常具有吸引人的视觉效果，因此可以有效地吸引用户的注意力，提高用户对品牌的认知度。展示广告也非常适合用于品牌推广和产品展示。通过制作精美的广告图片或视频，品牌可以向用户展示其产品的特点和优势，从而吸引用户购买。同时，通过在广告中加入品牌的标识和口号，可以提高品牌的认知度，增强品牌的影响力。

原生广告是一种与平台内容风格和格式完美匹配的创新的广告形式，它能够无缝地融入平台的内容中，为用户提供一种无干扰的、自然流畅的浏览体验。这种广告形式的设计理念是尽可能地减少对用户的打扰，其目的是让用户在享受内容的同时，自然而然地接触到广告信息。

原生广告通常以图文并茂的方式呈现，这种方式既能吸引用户的注意力，又能提供丰富的信息，使用户更容易理解和接受广告内容。此外，原生广告还可以在各种信息流平台上投放，如新浪微博、今日头条、小红书等，这些平台的用户基数庞大，广告覆盖面广，能够有效地提高广告的曝光率和影响力。

原生广告的另一个优点是能够更好地吸引用户的注意力。由于原生广告与平台的内容风格和格式相匹配，因此，用户在浏览内容时，不会感到突兀或不适，反而会自然而然地将注意力集中在广告上。这种自然的注意力集中，能够有效地提高广告的点击率和转化率。

除此之外，企业也应该考虑广告预算。不同的广告平台的价格和流量是有差异的。一些大型平台拥有更多的用户和流量，因此价格相对较高。而一些新兴平台可能价格较低，但流量相对较小。企业需要根据自己的广告预算来选择适合的平台。

对于大型平台，虽然价格较高，但流量也更大，可以获得更多的曝光和潜在客户。这些平台例如抖音、今日头条等。它们通常有更广泛的用户群体和更多的广告投放选项。

对于新兴平台，虽然流量相对较小，但价格较低，适合预算有限的企业。这些平台可能是一些垂直领域的社区或行业平台，如知乎、微信公众号等。虽然流量相对较小，但可能更加精准地匹配目标受众。

在选择广告平台时，企业还可以考虑使用不同的计费模式，如CPC（按点击付费）、CPM（按千次曝光付费）或CPA（按实际行动付费）。不同的计费模式适用于不同的广告目标和预算要求。

当然，广告不是说投放出去就结束了，企业应该追踪广告效果。通过广告效果追踪，企业可以了解广告的曝光量、点击率、转化率等关键指标。这些指标可以帮助企业判断广告是否达到了预期的效果，以及是否需要进行进一步的优化。如果企业发现广告的点击率较低，可以考虑调整广告的文案或图片，以提高用户的兴趣和参与度。

此外，数据分析工具还可以帮助企业深入了解广告的目标受众。通过分析用户的地理位置、年龄、性别等信息，企业可以更好地了解受众群体，并根据他们的兴趣和需求进行定向投放。这样可以提高广告的精准度和有效性，从而获得更好的广告效果。

别让流量沉默

有些企业在投放广告之后，却缺乏主动的客户跟进措施，错失了进一步促进交易的机会。简单来讲，企业获取流量不是最终目的，而是手段，企业获得流量的最终目的是将自己的产品或服务卖出去，从而实现赢利，而不是抱着一堆看似好看的数字而不转化。

在当今竞争激烈的市场环境中，企业需要积极主动地与客户互动，建立良好的沟通和信任关系。通过有效的营销策略和个性化的推广活动，企业可以更好地了解客户需求，提供符合其期望的产品和服务。换言之，别让你手里的流量沉默，要让它们发声，要让它们起作用。在商业运营中，了解企业的目标受众是非常重要的一环。

首先，企业需要明确自己的目标受众是谁，他们可能是企业的现有客户，也可能是潜在的新客户。企业需要对他们进行深入的研究，了解他们的基本信息，如年龄、性别、职业、教育背景等。

其次，企业需要进一步了解他们的兴趣和需求。这包括了解他们对什么感兴趣、他们的需求是什么、他们的购买动机是什么等。

此外，企业还需要了解他们的行为特征。这包括他们的购买行为、使用行为、反馈行为等。这些行为特征可以帮助企业更好地理解他们的消费习惯和偏好，从而提供更符合他们习惯的产品和服务。

通过精准的目标受众定位，企业可以将广告投放给真正对企业的产品或服务感兴趣的人群。这样不仅可以提高广告的点击率，也可以提高广告的转化率。因为只有当目标受众对企业的产品或服务感兴趣时，他们才会点击企业的广告，也才可能成为企业的客户。所以，精准的目标受众定位是提高广告效果的关键。

确保广告内容具有吸引力和独特性是吸引目标受众的关键，企业可以从以下几点入手。

首先，定期跟踪和分析广告投放的数据是了解广告表现和效果的重要手段。通过仔细研究这些数据，企业可以发现潜在的问题和机会，并及时调整广告策略，以提高广告投放的效果和投资回报率（ROI）。

企业需要建立一个完善的数据跟踪系统，以确保能够准确地收集到广告投放的各项指标和数据。这些指标可以包括点击率、转化率、曝光量等。通过对这些数据进行定期的监测和记录，企业可以获得对广告表现的全面了解。

其次，企业需要对这些数据进行深入的分析。通过对数据的挖掘和解读，企业可以发现广告投放中存在的问题和机会。比如，企业可能会发现某个广告渠道的点击率较低，或者某个广告创意的转化率较高。基于数据分析的结果，企业可以及时调整广告策略，以提高广告投放的效果和 ROI。这可能包括优化广告创意、调整广告投放的时间和地点、重新选择广告渠道等。通过不断地优化和调整，企业可以使广告投放更加精准和有效，从而提高广告的效果和回报。

此外，在投放广告的时候，企业可以尝试各种不同的元素，包括广告的创意、标题以及呼吁行动等。这些元素的组合方式有很多种，每一种都可能带来不同的效果。简单来讲，这就是 A/B 测试。

A/B 测试是一种通过对比两种或多种不同版本的同一元素，来确定哪一种效果更好的方法。在广告中，企业可以将不同的创意、标题或呼吁行动分别应用在不同的广告版本中，然后让一部分用户看到 A 版本，另一部分用户看到 B 版本，通过收集和分析用户的反馈数据，企业就能知道哪一种版本的广告更能吸引用户的注意力，更有可能促使用户采取行动。

通过这种方式，企业可以逐步排除效果不佳的广告元素，最终确定出最佳的广告组合。这个最佳组合可能包括最有效的创意、最吸引人的标题以及最能激发用户行动的呼吁行动。一旦企业找到这个最佳组合，就可以将其应用到所有的广告中，从而提高广告投放的效果。

"抢"流量的本质是什么

在如今的流媒体时代,许多企业为了追求流量,会采取各种手段,甚至不惜使用一些质量低下的内容来吸引人们的注意力。他们可能会发布一些虚假的信息,或者制造一些没有实质内容的话题,以此来提高自己的曝光量和点击率。

然而,这种做法实际上是本末倒置的。虽然这些劣质的内容可能会在短时间内吸引到大量的流量,但是这种流量往往是短暂的,不具持久性。一旦人们发现这些内容质量低劣,他们就会迅速失去对这些内容的兴趣,流量也会随之减少。

这种为了追求流量而忽视内容质量的做法,会对企业的品牌形象造成严重的损害。当人们发现一个企业为了追求流量而发布一些没有实质内容的信息时,他们就会对这个企业产生负面的看法,这对企业的长期发展是非常不利的。

我们需要知道,流量只是企业实现自身目标的一种手段,而不是目的。企业的目的应该是提供高质量的产品和服务,满足消费者的需求,而不是单纯地追求流量。如果一个企业过于关注流量,而忽视了产品和服务的质量，那么这个企业最终只会走向失败。简言之，"抢"流量的目的是展现企业的竞争力。也就是说，当别人都在"抢"流量的时候，你一定要意识到，这背后的本质是企业竞争力的比拼。

在当前的商业环境中，企业要想成功抢占市场份额，吸引大量的用户流量，就必须具有足够的吸引力和独特性。在激烈的市场竞争中，消费者的注意力是稀缺的，而企业的目标就是通过多种方式来吸引并保持消费者的注意力。

企业需要通过创新和差异化来实现这一目标。创新是企业发展的源动力，只有不断创新，才能在竞争中保持领先地位。差异化则是企业在众多竞争对手中脱颖而出的关键，只有提供与众不同的产品或服务，才能吸引消费者的注意。

第一，优质的产品或服务是吸引用户流量的基础。无论是产品的质量、性能还是服务的便捷性、专业性，都直接影响到消费者的购买决策。因此，企业必须不断提升产品或服务的质量，以满足消费者的需求。

第二，有吸引力的广告内容也是吸引用户流量的重要手段。广告不仅可以帮助企业宣传产品或服务，还可以塑造企业的品牌形象，提升品牌知名度。因此，企业需要投入足够的资源来制作高质量的广告，以吸引消费者的注意力。

第三，个性化的营销策略可以帮助企业更有效地吸引目标受众。通过对目标受众的深入了解，企业可以制定出符合他们需求的营销策略，从而提高营销效果。此外，企业需要持续跟踪和分析数据，以便更好地了解市场动态和用户需求。通过对广告投放数据的分析，企业可以全面了解广告的表现和效果。这包括广告的曝光量、点击率、转化率等关键指标。通过对这些数据的深入挖掘，企业可以发现广告投放过程中的潜在问题，如投放渠道的选择是否合适、广告创意是否吸引人等。同时，企业还可以发现广告投放中的机会，如哪些广告渠道带来了较高的转化率、哪些广告创意更受用户欢迎等。基于这些分析结果，企业可以及时调整广告策略，优化广告投放效果，从而吸引更多的用户流量。

第四，通过对用户行为数据的分析，企业可以深入了解用户需求和偏好。这包括用户的浏览记录、购买记录、搜索记录等。通过对这些数据的分析，企业可以发现用户的兴趣点、消费习惯等信息。基于这些信息，企业可以进一步优化产品或服务，提升用户体验。比如，企业可以根据用户的购买记录推荐相关产品，或者根据用户的搜索记录优化搜索引擎的关键词排名。通过不断优化产品或服务，企业可以提升用户满意度，从而吸引更多的用户流量。

第五，企业需要与竞争对手展开有效的竞争。企业需要深入了解竞争对手的优势和劣势，这样才能找到自己的定位和差异化优势。通过分析竞争对手的市场策略、产品特点、服务质量等方面的信息，企业可以更好地把握市场趋势，制定出更有针对性的营销策略。同时，企业还需要关注自身的核心竞争力，不断提升自身的产品和服务质量。只有提供优质的产品和服务，才能赢得用户的信任和支持，从而吸引更多的流量。

当然，企业还可以通过合作，获取更多的资源和用户流量。通过与其他企业的合作，企业可以共享资源，降低运营成本，提高市场竞争力。

第六，企业需要注意："抢"流量是一个长期的过程。在这个竞争激烈的市场环境中，用户体验和口碑已经成为企业获得竞争优势的重要手段。通过提供高质量的产品或服务，满足用户的各种需求，以及提供一流的购物体验和售后服务，企业可以赢得用户的信任和好评。用户的正面评价和推荐不仅可以帮助企业吸引更多的用户流量，还可以让企业在众多竞争对手中脱颖而出。

因此，企业需要不断关注用户的反馈信息，对产品或服务进行持续改进，以提升用户体验。同时，企业还需要努力建立良好的品牌形象，这样才能在激烈的市场竞争中保持优势。只有真正关注用户需求，提供优质的产品和服务，企业才能在市场中立足并取得成功。

第九章 引入机制

团队不是不行，而是欠"激"

在心理学中，激励是指激发和维持个体进行活动、行为的动力。而在团队合作中，激励能够促使团队成员积极参与、全力以赴。这种动力可以来自内部，也可以来自外部。内部动力包括对工作的热情、对成果的期待等，而外部动力则包括物质奖励、社会认可等。对于一个团队来说，激励起着不可忽视的重要作用。

第一，激励可以提高团队成员的工作积极性。当团队成员感到他们的努力和付出得到了认可和奖励时，他们就会更加积极地投入工作，从而提高整个团队的工作效率。

第二，激励可以增强团队的凝聚力。通过设立各种激励机制，如表彰优秀员工、提供晋升机会等，可以让团队成员感到自己是团队的一部分，增强他们对团队的归属感和认同感，从而增强团队的凝聚力。

第三，激励可以激发团队成员的创新精神。当团队成员知道他们的创新思维和独特见解会得到肯定和奖励时，他们会更愿意去思考和尝试新的方法，这对团队的发展是非常有利的。

第四，激励还可以帮助团队留住人才。在竞争激烈的人才市场中，优秀的激励机制是吸引和留住人才的重要手段。通过提供良好的工作环境、公平的薪酬待遇以及各种激励措施，可以让团队成员感到满意和安心，从而愿意长期为团队效劳。

那么问题来了，有哪些常见的激励手段呢？

一是薪酬激励。这是最基本的一种方式。它通过设定合理的薪资水平、奖金制度和绩效考核，从而激发员工的工作积极性和主动性，使他们为了获得更高的薪酬而更加努力地工作。设定合理的薪资水平是激励员工的基础。企业需要根据员工的职位、工作经验、技能和市场行情等因素，制定出具有竞争力的薪资标准。这样可以确保员工的基本生活需求得到满足，同时也能吸引和留住优秀的人才。

二是奖励制度。这是激励员工的重要手段，企业可以设立各种奖金，如绩效奖金、年终奖金、项目奖金等，用以奖励那些在工作中表现出色的员工。这种直接的物质奖励，可以有效地激发员工的工作热情和创新精神。绩效考核是激励员工的关键，企业需要建立一套公正、公平、透明的绩效考核体系，以便对员工的工作表现进行定期评估。这样可以让员工明确知道自己的工作目标，同时也能让他们看到自己的努力是有回报的。除了薪酬之外，企业还可以通过设立奖励制度来表彰和激励员工的优秀表现。这种奖励制度可以采用多种形式，既可以是物质奖励，也可以是非物质奖励。

物质奖励是一种常见的激励方式，它可以包括奖金、礼品或旅游机会等。当员工在工作中表现出色时，企业可以给予他们一定的奖金作为额外的回报，这不仅可以增加员工的收入，还可以激发他们的工作积极性和动力。此外，企业还可以赠送一些实用的礼品，如电子产品、书籍或健身器材等，以表达对员工的赞赏和鼓励。另外，企业还可以组织员工参加一些旅游活动，让他们在工作之余能够放松身心，增强团队凝聚力和员工的归属感。

非物质奖励同样重要，它可以包括公开表彰、晋升机会或特殊待遇等。公开表彰是一种有效的激励方式，企业可以在内部会议或公司外部活动上公开赞扬员工的优秀表现，让员工感受到自己的价值和成就。这不仅可以提高员工的自信心，还可以树立榜样，激励其他员工向优秀的同事学习。不仅如此，企业还可以为员工提供晋升机会，让他们有机会承担更高级别的职责和接受更大的挑战，从而提升自己的职业发展和成长空间。

三是提供职业发展机会。这也是一种重要的激励机制，员工希望能够在工作中不断学习和成长，企业通过提供培训、学习资源和晋升机会，可以激励员工积极进取和提升自己的能力。

其一，企业通过定期的培训课程和工作坊，促使员工不断提升自己的专业知识和技能。这不仅有助于提高员工的工作效率和质量，还能够使他们适应不断变化的工作环境和技术要求。同时，培训也可以帮助员工发现自己的潜力和兴趣，从而更好地规划自己的职业发展路径。

常见的激励手段：

- 薪酬激励
- 奖励制度
- 职业发展机会
- 工作环境和文化
- 股权激励

其二，提供学习资源也是激励员工积极进取的重要方式。这包括提供书籍、在线课程、学术论坛等学习资源，以便员工有机会自主学习和探索。通过这些学习资源，员工可以拓宽自己的知识面，了解行业的最新动态和趋势，从而更好地应对工作中的挑战和问题。此外，学习资源还可以激发员工的创造力和创新思维，增强团队的协作能力。

其三，提供晋升机会也是激励员工提升自身能力的重要途径。通过设立明确的晋升通道和评估标准，员工可以清楚地了解自己的职业发展路径和目标。同时，晋升机会也可以激发员工的竞争意识和积极性，促使他们更加努力地工作和学习。此外，晋升机会还可以为员工提供更多的责任和挑战，帮助他们锻炼领导能力和解决问题的能力。

四是股权激励。对于创业型企业来说，股权激励是一种长期且有效的激励机制，它通过向员工提供公司股权或期权，使员工与企业的利益紧密相连。这种激励机制能够有效地激发员工的归属感和责任感，促使他们为企业的长期发展做出贡献。

其一，股权激励使员工成为企业的股东之一，其收益与公司的经营成果直接相关。当企业取得良好的业绩时，员工所持有的股权价值也会随之增加，这将进一步激发员工的工作动力和积极性。员工会感受到自己的努力和付出对公司的发展有实实在在的影响，从而更加投入地工作。

其二，股权激励能够增强员工的归属感。作为企业的股东，员工会更加关注企业的长远发展和利益，而不仅仅是眼前的短期利益。他们会积极参与企业的决策和规划，为企业的长远发展出谋划策。同时，员工也会更加珍惜自己在企业中的地位，更愿意为企业的长期发展贡献自己的智慧和力量。

其三，股权激励还能够培养员工的责任感。作为企业的股东，员工需要承担一定的风险和责任。他们会更加注重企业的风险管理和稳健经营，避免盲目追求短期利益而忽视企业的长远发展。同时，员工也会更加关注企业的社会责任，积极参与公益事业和社会活动，为社会做出贡献。

不守规矩，就要被扣分

如果一家企业只有激励措施，而没有相应的惩罚机制，那么这个企业的管理是存在问题的。因为激励和惩罚是企业管理中两个重要方面，二者相辅相成，缺一不可。

激励，作为一种正面的引导方式，能够激发员工的工作积极性和创新精神，促使员工愿意为企业贡献更多。企业通过设立合理的奖励机制，使得员工能够清晰地看到，他们的努力会得到相应的回报，进而增强工作满足感和归属感。

但激励并非万能。有些员工在得到激励后可能会变得自满，甚至出现懈怠。在这种情况下，相应的惩罚机制就显得尤为重要。惩罚不仅能够对员工的错误行为进行纠正，还可以对其他员工产生警示的作用，预防同类问题再次出现。

在制定奖励和惩罚制度时，企业绝不能随意行事，更不能仅凭口头承诺或临时起意来决定。相反，这些制度的制定必须遵循一定的标准和依据，以确保制度的公平性、公正性和透明度。

在实施惩罚机制时，需要注意以下原则：

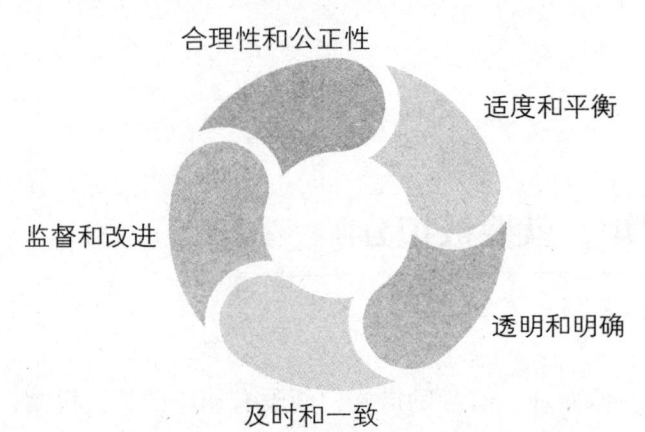

- 合理性和公正性
- 适度和平衡
- 透明和明确
- 及时和一致
- 监督和改进

惩罚制度要围绕组织的目标和价值观而制定，如果一个组织强调团队合作和遵守团队价值观，那么它的惩罚标准就应当针对那些不合作或违反团队价值观的行为。比如，对于那些不愿意与他人合作，或者在工作中表现出自私自利行为的员工，组织可以给予他们一定的惩罚，如降低职位、减少工资或给予其他形式的惩罚。这样不仅可以纠正这些不良行为，也有助于维护团队的和谐稳定。

无论是奖励还是惩罚，都应该基于员工的工作表现和贡献来制定，其中包括员工的工作成果、工作质量、工作效率与客户满意度。客户满意度常常容易被忽略掉，但它是衡量员工表现的另一个重要方面。一个能够获得高客户满意度的员工能够为企业带来更多的客户资源，从而增加企业的市场份额。因此，在评估员工表现时，企业需要关注客户满意度，以确保奖励和惩罚的公平性。

当然，为了确保奖励和惩罚能够发挥其应有的作用，企业需要制定一套既具有可操作性又具有可量化性的标准。

可操作性是指奖励和惩罚的标准应该是明确的、具体的，以便员工可以清楚地知道自己需要达到什么样的行为和绩效水平才能获得奖励或避免惩罚。这样的标准可以帮助员工更好地理解企业的期望，从而调整自己的工作态度和行为。同时，可操作性还要求管理者在实施奖励和惩罚时，能够根据实际情况进行灵活调整，以确保标准的公平性和有效性。

可量化性是指奖励和惩罚的标准应该能够通过客观的数据和指标来衡量。这意味着企业需要设定一些明确的、可量化的指标、目标和评估方法，以便对员工的行为和绩效进行客观分析。这些指标和目标可以是销售额、客户满意度、项目完成时间等具体业务指标，也可以是反映团队合作、创新能力、职业道德等方面的可量化指标。通过客观地评估，管理者可以更加公正地评价员工的表现，从而做出合理的奖励或惩罚决策。

比如，当一个员工在某个项目中表现出色，实现了预定的销售目标，管理者可以根据可量化的评估结果给予他相应的奖励，如提高工资、晋升职位或者提供其他福利。相反，如果一个员工在工作中出现了严重失误，导致客户投诉或者项目延期，那么管理者可以根据可量化的评估结果给予他相应的惩罚，如扣除奖金、降低职位或者安排进行培训教育。

与此同时，还需要建立反馈与改进机制，这个机制应该能够让员工了解自己的表现是如何被评估的，以及自己在哪些方面需要改进。如此一来，员工就可以根据反馈来调整自己的工作方法和态度，从而提高自己的工作效率和质量。为了实现这两个目标，企业可以采取以下几种方法：

第一，定期进行绩效评估。通过定期的绩效评估，企业可以了解员工的工作表现和贡献，从而确定他们应得的奖励或惩罚。同时，绩效评估也可以让员工了解自己的优点和不足，从而做出相应的改进。

第二，引导员工设定个人目标和发展计划。企业通过引导员工设定个人目标和发展计划，可以帮助员工明确自己的工作方向和目标，从而更好地激励他们积极工作。这也可以让员工了解到自己在工作中需要改进的地方，从而进行有针对性的学习提升。

第三，提供反馈和建议。企业应该鼓励员工之间的交流和合作，让他们可以相互学习和借鉴。同时，企业也应该定期向员工提供反馈和建议，让他们了解自己的工作表现和需要改进的地方。

总之，无论是激励制度还是惩罚制度，企业的管理者都需要清醒地意识到，激励和惩罚本身并不是最终的目的，而是实现企业可持续发展与提升市场竞争力的手段。如果一家企业过于注重激励制度与惩罚制度的形式，反而会陷入形式主义的陷阱之中，从而影响企业的发展。

薪资在哪，心就跟到哪

员工对公司的忠诚度和投入程度，往往与他们的经济待遇有直接关系。换句话说，如果一个员工认为公司能够给予他合理的物质回报，那么他就会对这个公司产生归属感。

对于绝大部分员工来讲，利益在哪儿，他们的心就在哪儿。这就意味着，员工的工资不仅仅是他们生活所需的基本保障，更是激发他们努力工作的动力来源。当员工看到自己的付出能够得到相应的报酬时，他们会更加愿意为公司奉献时间和精力；反之，如果员工认为自己的付出没有得到应有的回报，那么他们可能会对公司心生不满，甚至选择离职。

以谷歌为例，它以其丰厚的薪酬和优厚的福利而闻名，这是其吸引并留住人才的重要手段。谷歌的薪酬体系不仅包括基本工资，还涵盖了多种奖金和股票期权。此外，谷歌还提供了一系列的福利待遇，如免费提供健康保险、配备完善的健身设施以及高品质的餐饮服务等。这些措施确保了谷歌能够吸引并长期留住大批顶尖人才。

另一个例子是金融行业的摩根大通。摩根大通为员工提供了非常可观的薪酬和多样化的福利。除了基本工资和奖金，摩根大通还为员工提供各类补贴，如住房补贴、交通补贴等。此外，摩根大通还推行了一项名为"财富管理计划"的特别福利，该计划为员工提供全方位的财务咨询服务，旨在帮助他们有效管理和增值财富。通过这些举措，摩根大通成功吸引并稳住了大量的金融领域人才。

再来看看咨询行业的佼佼者麦肯锡公司。麦肯锡作为全球知名的咨询公司，其薪酬和福利在业界也是名列前茅。该公司不仅为员工提供了相当高的基本工资和丰厚的项目奖金，还额外提供一系列的福利待遇，如健康保险、退休金计划、教育支持等。这些优渥的条件使得麦肯锡得以吸引并长期留住大批顶尖的咨询人才。

诸如此类的企业还有亚马逊。作为全球电商巨头，同样采用高薪策略来提升团队的凝聚力和战斗力。该公司为员工提供丰厚的薪酬待遇，包括高额基本工资、可观的奖金和股票期权等。除此以外，亚马逊还非常重视员工的职业成长和晋升机会，并提供多样化的培训和内部晋升通道，以确保员工享有充足的成长空间和发展机会。

我们国内的很多杰出企业，其实也有着相似的做法。

以华为为例，华为作为一家知名的科技公司，同时也是中国的优秀企业之一，它通过高薪策略显著提升了团队的凝聚力和战斗力。华为实施了高额的绩效奖金制度和股权激励计划，以此激励员工在工作中创造出色的业绩。此外，华为还非常注重培养员工技能的提升和职业发展，提供多样化的培训和晋升机会，让员工深切感受到他们的努力贡献得到了应有的认可和回报。这些因素共同作用，极大地激发了员工的积极性和热情。

再以腾讯为例，腾讯公司内部设立了一套完整的职级体系，该体系根据员工的不同职级进行划分，并为每个职级设定了相应的薪资水平。这种设计的目的是根据员工的职位和工作内容来给予他们合理的薪酬待遇。

以研发通道为例，腾讯公司对原有的职级体系进行了调整和优化，取消了原先的"大级子等"设定，取而代之的是一套更为细致的6级18等（1.1～6.3级）的职级体系设计。这样的改变使员工在晋升时能够更清晰地认识到自己所处的职级位置，同时也为公司的人力资源管理提供了更为灵活和精确的工具。

除了职级体系，腾讯的薪资结构也是其吸引人才的重要因素之一。腾讯采用了12+1+1=14个月的薪资结构，这意味着员工在一年中有机会获得相当于14个月薪资的报酬。实际上，大多数员工都能享受到这一优厚的薪资待遇，这无疑为他们在工作和生活中提供了更多的经济保障。

初创企业在平衡薪酬和财务压力方面可以考虑以下几点：

- 精简团队规模
- 灵活运用奖励制度
- 寻找合适的人才
- 考虑弹性薪酬模式
- 寻求外部资源支持
- 管理财务风险

对于大部分初创企业来讲，高薪无疑是巨大的财务压力。鉴于此，初创企业需要平衡高薪与财务压力，其中一种有效的策略就是通过精简团队规模来降低薪酬支出。这意味着企业需要仔细评估其各个岗位和人员的角色，只保留那些对业务运营至关重要的核心岗位和关键人员。

首先，初创企业可以寻求外部资源的支持。这些外部资源包括但不限于投资者和创业加速器。投资者是初创企业获取资金支持的重要途径，他们通常会对有潜力的初创企业进行投资，以期待在未来获得丰厚的回报。初创企业可以通过向投资者展示其商业模式、产品或服务的独特性以及市场潜力，来吸引他们的注意并获得资金支持。

创业加速器也是初创企业获取资金支持和资源共享的重要渠道。创业加速器通常会为初创企业提供一系列的支持服务，包括资金、办公空间、导师指导等。通过参加创业加速器，初创企业不仅可以获得资金支持，还可以与其他初创企业共享资源，从而减轻财务压力。

其次，初创企业也要注意管理财务风险，尤其是要保证资金的流动性。资金的流动性对于企业的运营和发展至关重要。企业应该合理安排资金的流入和流出，确保有足够的流动资金来应对突发情况和业务发展的需求。同时，企业还应该定期进行资金流动分析，及时发现和解决资金周转不畅的问题。

最后，初创企业还应该注重财务透明度和合规性。财务透明度可以帮助企业更好地了解自身的财务状况，及时调整经营策略。合规性则是企业遵守相关法律法规的要求，确保企业的经营活动合法合规。因此，企业应该建立健全的财务制度和内部控制机制，确保财务数据的准确性和可靠性。

需要我们注意的是，虽然薪酬是影响员工忠诚度的重要因素，但它并不是唯一的因素。员工的满意度还受到工作环境、职业发展机会、公司文化等多种因素的影响。因此，企业在提高员工工资的同时，也需要关注这些方面，以全面提升员工的满意度和忠诚度。

不要只顾自家田，也要看看邻家菜

在商业社会，我们在做任何事情的时候，都不能只考虑自己的利益，而忽视了他人的利益。只有当我们同时考虑了他人的利益，才能在商业活动中获得成功，赚取到可观的利润。

商业活动并不是一个零和游戏。也就是说，你的成功并不意味着别人的失败，反之亦然。在商业世界中，每家企业都有自己的市场份额，每家企业都有机会获得成功。因此，我们不应该把别人视为敌人，而应该把他们视为合作伙伴。企业应该通过合作，共享资源，共同发展，从而实现双赢。简而言之，企业要善于合作，甚至有时候还要与竞争对手合作。

  首先，通过与其他企业进行合作，企业可以共享各种资源。这些资源包括但不限于人力资源、技术知识、设备设施以及销售渠道等。这种合作方式可以帮助企业有效地降低成本，提高工作或生产的效率，从而实现资源的最优配置。

  其次，不同的企业往往拥有各自的专长和优势。这些专长和优势可能体现在技术、市场、管理等多个方面。通过合作，这些企业可以互相学习，取长补短，形成强大的合力，从而实现更大的商业价值。

  比如，一家企业可能在技术研发方面有着深厚的积累和专业的团队，他们擅长研发新的技术和产品。而另一家企业则可能在市场推广方面有着丰富的经验和独特的策略，他们擅长将产品推向市场，吸引消费者的注意。在这种情况下，这两家公司可以通过合作，共同开发一款新产品。

  擅长研发的企业可以在技术研发方面提供支持，开发出优秀的新产品；擅长市场推广的企业则负责将这款新产品推向市场，通过各种营销手段吸引消费者，提高产品的知名度和销售量。这样一来，两家公司就可以达到利益的最大化。这种合作模式不仅可以帮助企业实现利益最大化，还可以促进企业的持续发展。因为在这个过程中，企业可以学习和借鉴合作伙伴的优秀经验和做法，不断提升自身的能力和竞争力。

同时，通过有效的合作，企业也可以扩大自己的市场份额，提高自己的市场地位，进一步拓展新的市场领域。这种合作模式不仅可以帮助企业更好地了解和适应新的市场环境，还可以为企业提供更多的市场机会和发展空间。此外，企业与企业之间还可以共同参与开发新的产品或服务。这种合作模式可以帮助企业更快地推出新的产品或服务，提高彼此的创新能力和竞争力。

最后，在创业的道路上，风险是无法被完全避免的。因为创业本身就是一个充满不确定性的过程，涉及市场、技术、人才、资金等多个方面的因素。这些因素的变化都会给企业带来风险，甚至可能导致企业的失败。

通过与其他企业合作，企业可以有效地分担这些风险。合作可以使企业在面临风险时，不再孤军奋战，而是有伙伴共同面对。这样一来，单一企业面临的风险压力就会大大减少。合作伙伴可以共同承担项目的风险和责任。

此外，合作伙伴还可以帮助企业降低经营风险。因为合作伙伴通常都有各自的优势和资源，通过合作，企业可以利用这些优势和资源，提高自身的竞争力，从而降低经营风险。

将自己打造成品牌

在传统的经营模式中，个人和企业通常被视为两个独立的实体。个人的努力和所取得的成就，往往被看作其个人能力和运气的体现，而与企业的品牌价值没有直接的联系。然而，随着社会的发展和竞争的加剧，人们开始认识到个人的影响力和品牌之间的关联性。

首先，随着社交媒体的兴起，个人的影响力受到了广泛关注。通过各种社交平台，个人可以与众多人群进行互动和交流，分享自己的观点和经验。这种个人影响力的扩大使个人成为一个潜在的品牌代言人。当个人在某一领域具备专业知识和独特见解时，他们可以通过塑造自己的品牌形象来吸引更多的关注和支持。

其次，随着消费者对个性化需求的增加，打造个人品牌已成为满足市场需求的一种方式。过去，企业通过大规模的生产和营销来满足消费者的需求。然而，随着消费者对个性化产品和服务的追求，企业需要更加灵活地满足不同消费者的需求。在这种情况下，打造个人品牌可以帮助企业更好地满足消费者的个性化需求，从而提升市场竞争力。

最后，打造个人品牌也可以为个人带来更多的机会和发展空间。在竞争激烈的职场环境中，拥有独特的个人品牌可以帮助个人脱颖而出，使之获得更多的机遇和认可。通过塑造自己的品牌形象，个人可以展示自己的专业能力和价值观，吸引潜在雇主或合作伙伴的注意。同时，打造个人品牌也可以为个人提供更多的发展机会，比如参与行业活动等，进一步提升自己的影响力和知名度。

直播行业的核心理念包含这样一个观点：在直播公司中，通常会有少数几位表现出色的主播，我们称之为"优秀主播"。这些优秀主播对于公司而言有较大价值，他们所创造的收益相对高于其他一般主播的总体收益。

优秀主播积累了一定的粉丝基础。他们的直播往往能吸引较多观众。这种关注度使得他们有机会与品牌展开合作，从而获得一定的广告收入。与之相比，一般主播的观众群体可能较小，其直播的影响范围有限，因此较难获得同等级别的广告合作。

优秀主播通常在专业素养和才艺上有不错的表现。他们在直播中能够展示独特的魅力和才能，吸引观众。这使得部分观众愿意为其直播内容付费，为公司增加收入。而一般主播由于各种限制，可能较难达到这种效果。

另外，优秀主播还能为整个直播平台带来积极影响。他们的成功经验和影响力有助于吸引更多主播加入，进而扩大平台的用户基数和活跃度。这对直播公司而言非常重要，因为用户基数的扩大有

第九章 引入机制

助于增加广告收入和商业机会。

　　当然，更值得关注的是，直播现已成为众多企业的优选方式。不论你是否了解互联网，也不论你运营的是否为直播公司，掌握一些相关的基础知识都是很有必要的。

　　在当今社会，不少人将直播视为一种营销工具，其主要目的是推销商品。这种观点在过去几年或许有一定道理，因为那时的直播确实是以商品销售为主导。然而，随着科技的进步和社会的发展，直播的影响力日益扩大，其形式和内容也日益丰富多彩。

　　与其将直播视为一种营销手段，不如说它是一种服务方式。这是因为现在的直播不再局限于商品销售，还提供诸如教育、娱乐、信息分享等多种服务。通过直播，人们在家就能享受各种便捷服务，这无疑为我们的生活带来了极大便利。

　　此外，直播具有很强的互动性，观众可通过弹幕、评论等方式与主播进行实时交流。这种互动性不仅使直播更加生动有趣，还帮助观众更好地理解主播所传递的信息，这是传统媒体无法比拟的。但需要注意的是，并非所有直播销售方式都能被消费者接受。比如，一些主播一上线就急于推销商品，这种方式常会引起消费者的反感或抵触。

　　相反，有些直播销售方式却深受消费者喜爱。这些主播不仅解答消费者的疑虑和问题，还通过多种方式给潜在消费者带来情感体验。他们与消费者互动，建立起深厚的情感联结，从而有效提升了商品的销售额。这种以消费者为中心的直播销售方式，既解决了消费者的问题，又为他们带来了愉悦的购物体验。

无论是大型公司的管理者还是小微型企业的所有者，都需要具备以下三项关键能力：

身先士卒
资源整合
激发组织

因此，为了能够取得更好的业绩，我们可以借鉴优秀主播的能力，将其应用于任何一个有志向的企业管理者或创业者身上。

其一，你需要具备资源整合的能力。这包括对企业内部和外部资源的了解和利用，以及对各种资源的有效整合。你需要能够识别出哪些资源有价值，哪些资源可以加以利用，以及如何将这些资源高效地结合起来，以实现企业的目标。

其二，你需要具备身先士卒的能力。这意味着你需要有能力亲自参与到企业的实际运作中，而不仅仅是作为一个旁观者。你需要在关键时刻果断决策，有毅力在困境中坚持下去，并在挑战中展现出卓越的领导力。

其三，你需要具备激发组织的能力。这包括调动员工的积极性，提升他们的工作效率，以及构建和维护一支高绩效的团队。你需要让员工感受到他们的工作充满意义，他们的付出备受关注，他们的成就得到认可。

现在有许多创业者容易盲目跟风，看到别人做什么就跟着做什么，同时对企业的要求也很低。然而，若想在当今的商业环境中脱颖而出，这种做法显然是错误的。有人将商场比作战场，在某种程度上，这两者的确有相似之处。当你置身其中时，必须竭尽全力，尽出最大的努力才能立足。

总而言之，在这个竞争日趋激烈的时代，若企业希望长久生存，创业者或管理者必须将自己视为品牌的一部分，并持有亲临一线、勇往直前的态度和决心。

第十章 不败心态

乐观还是悲观

创业是一条充满挑战和不确定性的道路，作为创业者，需要面对各种困难和压力。在这个过程中，保持乐观的心态非常重要。无论遇到什么困难和挫折，创业者都需要保持乐观，相信自己的能力和潜力。

第一，乐观的心态能够帮助创业者保持积极向上的态度。创业过程中会遇到各种挑战，如果创业者能够保持乐观的心态，相信自己能够克服困难，那么他们就会更有动力和勇气去面对挑战，不轻言放弃。乐观的心态能够激发创业者的激情，让他们更加专注和坚定地追求自己的目标。

第二，乐观的心态能够带来积极的影响力。创业者作为团队的领路人，他们的情绪和态度会对整个团队产生影响。如果创业者能够保持乐观，积极面对问题，那么团队成员也会受到鼓舞，更加积极地投入工作。乐观的心态能够在团队中传递，形成良好的工作氛围，提高团队的凝聚力和执行力。

第三，乐观的心态能够帮助创业者更好地应对失败和挫折。在创业过程中，失败和挫折难以避免。如果创业者能够保持乐观的心态，将失败和挫折视为成长和学习的契机，那么他们就能够从失败中吸取教训，不断调整自己的策略和方法。

第四，乐观的心态还能够吸引投资者和合作伙伴的关注和支持。这是因为乐观态度传递出一种积极的信号。这种积极的信号让人们相信，创业者有能力克服困难，取得成功。投资者和合作伙伴更愿意与乐观的创业者携手，因为他们相信这样的创业者能够带来更好的成果。

然而，也有人认为，现在的大环境充满挑战，创业者需要保持警惕，过度乐观可能会忽视细节，导致错误连连。但实际上，乐观不仅仅是一种心态，更是一种策略。选择乐观，我们总有解决之道；选择悲观，我们将束手无策。

亚马逊的创始人杰夫·贝索斯是一位充满乐观精神的人，在创建亚马逊这个全球知名的电子商务巨头的过程中，贝索斯遭遇了无数的困难和挑战。那时，互联网泡沫破裂，全球经济陷入低迷，许多互联网公司因此而倒闭。同时，亚马逊也面临着巨大的资金压力，一度陷入了生存的困境。

贝索斯的乐观精神体现在他对未来的坚定信心上。他相信，只要坚持不懈地追求卓越，就一定能够实现自己的目标。他注重客户体验，致力于提供优质的服务和产品，这使得亚马逊在众多的电子商务公司中脱颖而出，成为全球最大的电子商务公司之一。贝索斯的乐观态度和对未来的信心，帮助他克服了种种困难，取得了巨大的成功。

有些人可能会认为，这些成功的人只是极少数的特例。或者说，他们本身就拥有超乎常人的实力和能力。然而，我们无须妄自菲薄。

首先，我们必须明白，成功并非一蹴而就。那些看似出类拔萃的成功者，他们的背后往往隐藏着无数的艰辛和努力。他们能够成功，是因为他们勇于面对困难，敢于接受挑战，并且不断学习和进步。他们的实力并非与生俱来，而是通过持续不断的努力和积累才获得的。

乐观精神对创业成功有着以下积极的影响：

- 增强创业者的韧性和抗压能力
- 提升创业者的创新能力
- 促进团队合作
- 吸引投资者和合作伙伴

其次，创业本身就是一项挑战。当你决定踏上创业之路时，你就已经超越了那些仍在犹豫、观望的人。因为你敢于追寻自己的梦想，面对未知的挑战，勇于承担风险。这种勇气和决心，正是许多人所缺乏的。

小王是一位充满活力和激情的年轻创业者。他毕业后便开始了自己的创业旅程。在这个过程中，他遭遇了各种各样的困难和挫折,包括合作伙伴的突然离去、市场的瞬息万变以及各种始料未及的困境。然而,尽管面临重重困难,小王始终保持着乐观的心态。

他坚信自己的能力和创业项目的潜力,认为只要付出足够的努力和坚持,就一定能够战胜所有困难。他深知创业并非易事,需要投入大量的时间和精力去面对各种未知的挑战。但他从未因此感到沮丧或失去信心。

为了应对这些挑战,小王不断学习和提升自己。他深入研究市场动态,了解消费者需求,探索新的商业模式和创新点。同时,他也积极寻求外部的支持和帮助,与其他创业者交流经验,参加各种创业培训和研讨会。

经过一段时间的努力,小王成功地将自己的企业发展成为行业的佼佼者。他的企业不仅在市场上取得了显著的成功,也赢得了消费者的认可和尊重。这一切都归功于他的乐观心态、坚定的信念以及不断的学习和提升。

试想一下,如果小王一遇到事情就悲观失望,他还能取得现在的成就吗?大概率是不会的。因此,我们要始终牢记一个重要的道理:只要我们保持乐观的心态,就一定能找到解决问题的方法。而悲观则如同一个泥潭,会让我们深陷其中无法自拔,导致我们停滞不前,无法取得任何进步。

出路在哪里

对于许多正在创业或准备创业的人来说，他们经常会被一个问题所困扰：他们的出路究竟在哪里？这个问题宛如一个无法解开的谜团，一直在他们的脑海中萦绕。

在当今这个充满竞争和挑战的社会里，创业已成为许多人追逐梦想、实现自我价值的重要途径。然而，创业的道路并非一帆风顺，很多时候，创业者们都需要面对各种困难和压力。在这个过程中，他们往往会产生这样的疑问：自己的努力是否能带来成功？自己的创业项目是否有市场前景？自己的付出是否能得到回报？这些问题如同一个个沉重的包袱，压在创业者们的心头，让他们感到困惑和无助。

在思考出路在哪里时，创业者需要考虑以下5个方面。

第一，城市的选择。北京、上海、广州等一线城市拥有丰富的资源和机会，这些资源包括人才、资金、市场以及完善的创新生态系统等，它们都为创业者的发展提供了强有力的支持。然而，这些城市也面临着更大的竞争和成本压力，如高昂的租金、较高的人力成本和激烈的市场竞争等。因此，创业者需要仔细权衡利弊，根据自己的行业特性和发展需求来选择适合的城市。

与此同时，一些二线城市或新兴城市提供了更多的发展机会和政策支持。这些城市可能具有较低的成本和较小的竞争压力，同时也可能享受更多的政策支持和资源倾斜，从而为创业者提供更加优越的发展环境。创业者可以根据自己的行业特点、市场需求和资源情况，选择适合自己发展的城市。更为重要的是，创业者应综合考虑多种因素，如市场规模、人才储备、政策支持、行业生态等，并结合自身的资源和能力，以便做出更为明智的选择。

在选择创业城市时，创业者应充分了解目标城市的市场潜力和发展前景。市场规模是一个重要的考量指标，它决定了企业的潜在发展空间。同时，人才储备也是创业者必须考虑的因素之一。一个城市的人才储备越丰富，创业者在人才招聘和培养方面的优势就越大。此外，政策支持对创业者选择城市来说也是一个重要的考量因素。一些城市可能会推出各种优惠政策，为创业者提供更好的发展条件和支持。另外，行业生态也是创业者需要考虑的因素之一。一个健康的行业生态可以为创业者提供更多的合作机会，实现资源共享。

第二，行业的选择。首先，创业者需要通过市场调研来了解当前的市场环境和行业趋势。这包括对消费者需求、市场规模、竞争状态等方面的细致研究。通过深入的市场洞察，创业者可以更好地把握市场动态，找到有成功机会的细分领域。

接下来，创业者应进行行业分析，以确定自己是否具备在该行业中脱颖而出的竞争优势。这涉及对行业的竞争格局、准入门槛、赢利模式等方面的全面分析。只有在创业者认为自己在特定行业中拥有竞争优势时，才应该选择该行业作为创业方向。

最终，通过市场调研和行业分析的结果，创业者可以明确自己的市场切入点和成功路径。切入点是指创业者应从哪个环节着手开展创业活动，而成功路径则是指创业者如何在这个行业中取得成功。这两点对创业者来说极为关键，因为它们共同决定了创业者的整体创业策略。

市场调研和行业分析可以从以下几点出发：

- 市场需求
- 市场竞争态势
- 自身条件优势
- 行业发展趋势

第三，寻找投资和选择合适的合作伙伴。投资者为创业者提供所需的资金，以支持其企业的启动与持续发展。通过与投资者建立稳固的关系，创业者能争取到更多的融资机会，进而拓展业务版图，并提升自身的市场竞争力。

同时，选择合适的合作伙伴也能为创业者带来许多优势。合作伙伴之间可以资源共享，比如市场渠道、技术优势和人力资源等，这些都将有助于创业者更好地开展业务。此外，他们还能贡献宝贵的经验和专业知识，协助创业者攻克各种难题。

对于创业者来说，与投资者及合作伙伴维系良好的关系显得尤为重要。这种合作不仅以商业利益为纽带，更需建立在深厚的互信、协同合作和共同成长的理念之上。通过缔结紧密的合作关系，创业者将得到更多的支持与发展机会，携手应对市场的风云变幻和激烈的竞争挑战。

第四，寻找创新和差异化。无论时代怎样演变、市场如何变迁，创新始终是企业的核心灵魂，更是创业者们在市场竞争中脱颖而出的关键。创业者必须不断进行产品或服务的创新，以更好地响应市场需求。这种创新可能涉及技术创新、商业模式创新，或是服务方式的革新。无论是哪种形式的创新，都要求创业者具备敏锐的市场洞察力和前瞻性的思维。

同时，差异化也是创业者在市场竞争中获得优势的重要战略。通过提供与众不同的产品或服务，满足市场的特定需求，从而在竞争中占据有利地位。差异化可能体现在产品的独特性服务的非凡体验，或是品牌形象的鲜明特色上。无论哪种形式的差异化，都需要创业者们进行深入的市场调研和精准的目标定位。创业者通过提供独特的产品或服务，不仅能在竞争中占据优势，更能寻找到自身的发展路径。

第五，培养持续学习和成长的能力。要知道，创业本身就是一个不断学习和成长的过程。在这个过程中，创业者需要不断提升自己的技能和知识水平，以适应不断变化的市场需求。随着时代的发展和科技的进步，市场需求也在持续演变，因此创业者必须拥有敏锐的市场洞察力，以便及时捕捉市场的新动向和新需求。

为应对市场的变化，创业者需要不断调整并优化自己的创业策略。这包括对产品或服务的定位、营销策略、运营模式等进行调整。在此过程中，创业者应勇于尝试新的方法和思路，不断优化自己的创业计划，以探索最适合自身的发展路径。

另外，创业者还需具备良好的学习能力和自我驱动力。在创业过程中，他们需要不断学习新知识和技能，以更好地迎接市场挑战。同时，强烈的自我驱动力也很重要，它能帮助创业者在面对困难和挫折时坚持不懈，不断调整和完善自己的创业策略。

敢问路在何方？路就在脚下。创业者必须踏实走好眼前的每一步，这是他们成功的基石。

拥抱未来，接受改变

在这个世界上，唯一不变的就是变化本身。无论是自然界的规律还是人类社会的发展，都在不断地发生着变化。这种变化不仅渗透在我们的日常生活中，更在商业世界中有着深刻的体现。商业世界是一个充满竞争和挑战的舞台，只有那些能够灵活应对变化、积极拥抱未来的创业者，才能在这个世界中稳固立足。

如果你身为创业者，却无法适应这个世界的变化，那么你很有可能会被市场毫不留情地淘汰。因为在商业世界中，唯有那些能够适应市场变化、准确把握消费者需求的企业才得以存活。

然而，尽管大多数人都明白这个道理，但能够真正践行这一点的却寥寥无几。因为人们都存在着一种路径依赖的心理，都倾向于维持现状，抵触改变。什么是路径依赖？它是指人们在面对选择时，往往会倾向于选择最熟悉、最便捷的道路，而不愿去尝试新的可能。这种心理导致人们在面对变化时，常常会感到惶恐和不安，从而选择逃避或者抵抗。

一提到因不愿意接受改变而最终被市场淘汰的例子，许多人首先会想到柯达。

柯达，这个名字曾在全球影像产品和服务供应领域里享有盛誉。它不仅是全球最大的影像产品和服务供应商之一，更是摄影行业的重要参与者。其创新的技术和产品，帮助人们将美好时光转化为永恒的记忆。然而，随着数字摄影技术的出现和快速发展，柯达遭受了前所未有的冲击。

尽管柯达的创始人乔治·伊斯曼一直强调创新的重要性，但他的创新主要集中在内部，并未涉及全面的业务模式创新。他在摄影技术方面取得了显著的成果，对摄影行业的进步做出了重要贡献。但当数字摄影技术初露锋芒时，柯达却未能及时调整其业务模式和

第十章 不败心态

产品策略，以适应市场的快速变化。

柯达之所以落后于市场，其主要原因是其过度依赖传统的胶片摄影业务，并未能及时转型进入数字摄影领域。这导致其在数字摄影时代逐渐丧失竞争力，市场份额被竞争对手逐渐蚕食。最终，柯达在数字摄影时代的激烈竞争中遭受重创，不得不宣布破产。

反观其他企业，在面临一系列变化时，虽然一开始的时候有所后退，但最终都因为积极应对变化而重新站稳了脚跟。

比如微软。在智能手机操作系统市场的竞争中，微软也曾错失了一次重要的机会，没能在与 iOS 和安卓系统的竞争中占到先机。然而，微软并没有因此放弃，而是决定进行转型和创新。他们认识到智能手机操作系统市场的竞争已经非常激烈，需要寻找新的突破口来重新获得市场份额。

通过转型和创新，微软成功推出了 Windows 操作系统和 Surface 系列产品，在智能手机操作系统市场和便携式计算设备市场都取得了一定的成果。

抓住机遇　适应变化　创新驱动　技术应用　人才吸引

拥抱未来

再比如，亚马逊，它最初只是一家在线书店，专注于提供各种图书的购买和销售服务。然而，随着电子书的兴起和消费者对在线购物需求的不断增加，亚马逊也迅速拓展了自己的业务范围，推出了革命性的 Kindle 电子阅读器，改变了阅读习惯，促进了纸质书向电子书籍的转变。

除了电子书领域，亚马逊还逐渐拓展到电子产品、家居用品、食品配送等领域。他们不断推出新的产品和解决方案，以满足消费者多样化的需求。通过不断扩大产品线，亚马逊成功地实现了逆袭，成为全球最大的电子商务公司之一。

总而言之，创业者要积极主动地应对变化，才能在竞争激烈的市场中立于不败之地。想要拥抱未来，就要敢于冒险和尝试新的事物，保持开放的心态和不断学习的状态。同时，建立良好的团队和合作伙伴关系也是非常重要的。只有这样，创业者才能在变化中找到机会，实现自己的创业梦想。

跟随趋势

创业者在追求商业成功的过程中，需要具备敏锐的洞察力和前瞻性思维。他们不仅需要紧跟市场的变化趋势，而且需要关注国家政策的方向和动态。

在这种趋势下，政府可能会出台鼓励创新的政策，这将为创业者提供良好的发展环境。同时，政府可能会对某些行业进行限制或制约，这就需要创业者提前做好准备，避免陷入困境。因此，创业者需要关注国家的政策动态，理解政策的含义和影响，以便做出正确的决策。

对于创业者来说，该如何跟随这些政策动态？又该如何了解和适应这些政策呢？

第一，可以关注政府网站。这些网站包括中央政府网站和地方政府网站，它们通常会及时发布最新的政策文件和实施细则。通过仔细阅读这些文件，创业者可以深入了解政策的内容和它对自身业务的影响。

中央政府网站是了解国家层面政策的重要渠道，这些网站通常提供全面的政策信息，涵盖各个行业领域。创业者可以通过浏览相关栏目或搜索关键词，找到与自己行业相关的政策文件。这类文件可能包括产业发展规划、税收优惠政策、市场准入规定等，对于创业者来说具有重要的指导意义。

除了中央政府网站，地方政府网站也是了解地方政策的重要途径。不同地区的政府会根据本地实际情况制定相应的政策，以促进经济发展和吸引投资。创业者可以访问本地政府网站，查找与自己所在行业相关的政策文件。这类文件可能涉及土地使用、企业扶持、人才引进等方面，对于创业者在本地开展业务具有重要的参考价值。

通过关注政府部门网站，创业者可以及时了解到最新的政策动态，为自己的创业决策提供有力支持。同时，这些政策文件也可以帮助创业者了解政策的具体内容和实施细则，从而更好地规划自己的创业计划和发展方向。

第二，可以关注国家的发展规划和五年规划。国家的发展规划和五年规划是制定国家发展方向和政策的重要依据，这些规划文件通常由政府机构或相关部门负责编制，旨在指导国家在经济、社会、环境等各个领域的发展。对于创业者来说，关注国家规划的发布和更新是非常重要的，因为这些规划会直接影响到自己所在行业的发展方向和政策导向。

国家规划的发布通常会涉及各个行业的具体发展目标和政策措施。创业者可以通过仔细研究这些规划文件，了解国家对于自己所在行业的重视程度和发展重点。比如，国家规划中明确提出了支持科技创新和高新技术产业发展的政策，那么创业者就可以判断自己所在行业在未来几年内是否会迎来更多的机遇和政策支持。

国家规划的更新通常会反映出国家对于行业发展的新要求和新导向。随着时代的变迁和社会的进步，国家对于各个行业的发展方向和政策导向也会不断调整和优化。创业者需要密切关注国家规划的更新，及时了解国家对于自己所在行业的最新要求和政策导向，以便更好地把握市场机遇，调整经营策略，以适应新的发展趋势。

第十章　不败心态

此外，创业者还可以通过参与相关行业协会、商会等组织，来获取更全面和权威的国家规划信息。这些组织通常会与政府部门保持密切联系，能及时了解到最新的规划动态和政策变化。通过参与这些组织，创业者可以与其他行业从业者进行交流和分享，共同探讨行业发展的趋势和机遇。

创业者可以利用国家政策和趋势来指导创业方向：

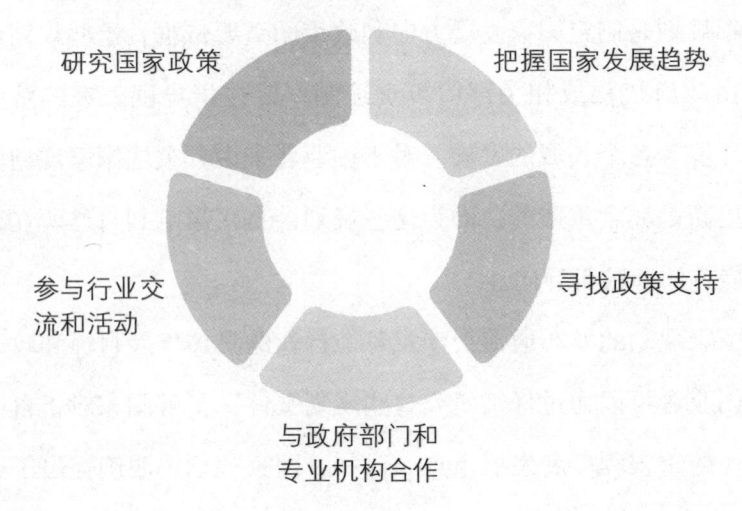

- 研究国家政策
- 把握国家发展趋势
- 寻找政策支持
- 与政府部门和专业机构合作
- 参与行业交流和活动

第三，可以关注媒体报道和专业咨询。其一，各大媒体通常会对国家政策进行广泛的报道，报道中会涉及政策的出台背景、目标和影响等方面的内容。通过阅读这些报道，创业者可以了解到政策的整体框架和主要内容，从而为自己的企业决策提供参考。其二，专业咨询机构的分析报告也是创业者获取政策信息的重要来源。这些机构通常会对政策进行深入的研究和分析，提供详尽且专业的解读。解读中会包含政策的背景、目的、实施细则以及可能带来的影响等内容。通过阅读这些报告，创业者可以全面了解政策的细节和潜在影响，从而更好地应对政策变化带来的挑战和机遇。

在这个信息爆炸的年代，如何筛选信息显得尤为重要，这能帮助我们更好地辨别一些虚假的内容。因此，创业者需要学会从权威媒体获取咨询与信息，并进行客观分析。但值得注意的是，尽管权威媒体提供的信息更为可靠，最终如何筛选、判断并运用这些信息，还需依赖创业者自身的独立思考和判断能力。

更为重要的是，创业者应积极建立属于自己的行业人脉和合作伙伴关系。通过与行业的人士建立真诚、互信的良好关系，创业者不仅能够获取更多的政策信息和行业动态，还能为自身的业务发展开拓更广阔的机会。这样的交往应基于诚信和专业，以促进共同成长和行业的健康发展。

致全体心怀梦想的创业者

创业，这条道路上既充满了挑战，也孕育着无限的机遇。在这市场竞争日趋激烈的时代，你们是那些敢于追逐梦想、勇于冒险、持续创新的先锋。对于你们的拼搏与付出，我深表敬意。

创业的征途从来不易，它总是伴随着诸多的不确定性和风险。在这条路上，资金的压力、市场的考验、团队的管理等都可能成为

第十章 不败心态

你们的挑战。但请深信，每一次的考验都是你们成长的契机。历经这些，你们会积累到宝贵的经验和智慧，这些都将成为你们通往成功的坚实基石。

我了解，许多人在这条路上跌倒过，甚至多次。但请记住，失败并不可怕，真正可怕的是在失败后选择逃避，不再从中汲取教训。"失败是成功之母"。每一次的失败，都是通往成功的必经之路。只要你们坚守初心，无惧失败，终有一天，你们会登上成功的顶峰；回望来时的路，为自己的坚韧和毅力而自豪。

我也知道，许多时候，你们在这条路上孤独前行，或许无人能真正体会到你们的艰辛。但请记住，孤独不是终点，它是新的起点。经历过孤独，你们会更加珍视每一份成功，更加感恩身边的团队，更加珍惜与家人和朋友相聚的每一刻。

同时，我也希望你们能明白，创业不仅仅是为了个人的利益，更重要的是为了创造价值，为了改变我们的世界。在创业的旅途中，去思考如何为社会带来更多的正能量，如何解决人们真实的问题和需求。只有真正站在用户的角度，才能真正找到有价值、有意义的创业方向。

在这个日新月异的时代，创业者必须与时俱进，不断地学习和更新自己的知识库。要密切关注国家的政策走向和行业的发展趋势，及时捕捉每一个机遇，确保自己始终走在时代的前沿。同时，保持一个开放的心态，勇于接受新的挑战和变革。只有这样，才能在激烈的市场竞争中立于不败之地。

最后，我想对你们说："请坚持下去，不要轻易言弃。虽然前方的路充满未知，但只要你们坚定信念、持续努力，就一定能够战胜一切困难，实现自己的梦想。请相信自己的选择，相信自己的才华和潜力。"

向每一位创业者致敬！你们是真正改变世界的力量。愿你们的创业之路洒满阳光，愿你们的梦想早日成真！